어린이를 위한

방구석 유네스코 세계 유산

어린이를 위한
방구석 유네스코 세계 유산

1판 1쇄 발행일 2021년 1월 30일 **1판 2쇄 발행일** 2022년 4월 27일
글쓴이 박소명 **그린이** 조혜주 **펴낸곳** (주)도서출판 북멘토 **펴낸이** 김태완
편집주간 이은아 **편집** 김경란, 조정우 **디자인** 안상준 **마케팅** 이상현, 민지원, 염승연
출판등록 제6-800호(2006. 6. 13.)
주소 03990 서울시 마포구 월드컵북로6길 69(연남동 567-11) IK빌딩 3층
전화 02-332-4885 **팩스** 02-6021-4885 **이메일** bookmentorbooks@hanmail.net
ⓘ bookmentorbooks__ ⓕ bookmentorbooks ✉ bookmentorbooks@hanmail.net

ISBN 978-89-6319-399-1 73900

※ 잘못된 책은 바꾸어 드립니다.
※ 이 책은 저작권법에 따라 보호를 받는 저작물이므로 무단 전재와 무단 복제를 금합니다.
※ 이 책의 전부 또는 일부를 쓰려면 반드시 저작권자와 출판사의 허락을 받아야 합니다.
※ 책값은 뒤표지에 있습니다.

인증 유형 공급자 적합성 확인 **제조국명** 대한민국 **사용 연령** 8세 이상
KC마크는 이 제품이 공통안전기준에 적합하였음을 의미합니다.
종이에 베이거나 책 모서리에 다치지 않도록 주의하세요.

어린이를 위한

방구석 유네스코 세계 유산

박소명 글 · 조혜주 그림

북멘토

글쓴이의 말

유네스코 세계 유산에 얽힌 이야기 속으로 여행을 떠나요

저는 어릴 때부터 세계 지도를 즐겨 보았어요. 바다와 산맥과 고원을 찾아보고, 강들이 어떻게 흐르는지 살폈지요. 세계 여러 나라의 수도를 찾아보기도 하고, 세계 3대 미항으로 꼽히는 호주의 시드니, 이탈리아의 나폴리, 브라질의 리우데자네이루에 동그라미를 치며 외우기도 했어요.

무엇보다 가슴을 뛰게 한 것은 신비로운 유적들이었어요. 피라미드, 앙코르 와트, 마추픽추, 타지마할, 알람브라 궁전 같은 것이지요. 관심이 같은 친구들과 즐겁게 이야기도 나누었어요. 어른이 되면 꼭 가 보겠다는 꿈도 꾸었지요. 수십 년이 지나는 동안 모두 다는 아니지만 꽤 많은 곳에 다녀올 수 있었어요.

그러던 어느 날, 저를 잘 아는 한 분이 전화를 했어요. 텔레비전에서 흥미로운 역사 도시 이야기를 보다가 제 생각이 났다는 거예요. 여행을 많이 했으니 세계 문화유산에 대해 써 보라고 했어요. 그 말을 들으니 가슴이 설레었어요. 세계 지도 앞에서 즐거워하던 어릴 적 내 모습이 떠올랐지요. 그때의 기대와 설렘을 어린이 친구들과 나누고 싶어졌어요. 그래서 유네스코 세계 유산을 안내하는 책을 쓰게 되었답니다.

유네스코 세계 유산은 문화유산, 자연 유산, 복합 유산이 있어요. 이 책에 쓰인 글은 대부분 문화유산에 얽힌 역사 이야기예요. 인류가 시작된 이후 끊임없이 반복되는 기쁨, 슬픔, 고통, 사랑, 이별, 분노, 욕심, 좌절까지 복합적인 이야기가 들어 있지요. 되도록 사실에 근거하려고 노력했답니다. 정확한 역사적 근거를 찾기 어려운 부분은 다양한 경로를 통해 이해한 후 사실을 비켜 가지 않는 범위 안에서 이야기를 창작하기도 했지요. 여러분이 좀 더 흥미롭게 읽게 되기를 바라면서요.

그런데 세계 유산을 모두 다 쓸 수는 없었어요. 그래도 굵직한 세계 유산들이 오롯이 들어 있어서 이 책을 한 번 읽으면 세계를 한 바퀴 돌았다고 해도 될 거예요. 유네스코 세계 유산에 얽힌 이야기를 통해 어린이 여러분들이 과거를 돌아보고, 현재를 지혜롭게 살아 내며, 미래를 바르게 바라보는 눈이 생겼으면 좋겠습니다.

수리산 아래 군포중앙도서관에서

박소명

차례

글쓴이의 말 4

1장 아시아

| 중국 | 황제의 끝없는 욕망을 보여 준 진시황릉과 병마용갱 … 11
• 요목조목 세계 유산 • 땅속에서 나온 수천 개의 병사와 말 도용 18

| 한국 | 조선 정조의 꿈이 깃든 수원 화성 … 23
• 요목조목 세계 유산 • 다양한 군사 시설을 갖춘 독특한 성 30

| 티베트 | 티베트의 새 역사를 세운 손챈감포와 포탈라궁 … 35
• 요목조목 세계 유산 • 티베트의 강력한 상징이 된 궁전 42

| 캄보디아 | 비슈누 신에게 바친 사원 앙코르 와트 … 47
• 요목조목 세계 유산 • 크메르의 영광을 만날 수 있는 곳 55

| 인도 | 황제의 지극한 사랑이 만들어 낸 타지마할 … 59
• 요목조목 세계 유산 • 세상에서 가장 아름다운 무덤 66

2장 오세아니아와 아프리카

| 오스트레일리아 | 푸른 바다와 하늘 사이에 자리한
시드니 오페라 하우스 … 73
• 요목조목 세계 유산 • 100년도 되지 않은 신생 문화유산 80

| 이집트 | 모래 위의 신비한 무덤 기자의 대피라미드 … 85
• 요목조목 세계 유산 • 수천 년 전의 비밀을 간직한 거대 유적 93

| 남아프리카 공화국 | 넬슨 만델라가 갇혀 있던 로벤섬 … 99
• 요목조목 세계 유산 • 자유와 인권의 의미를 되새기게 해 주는 작은 섬 106

3장 유럽

| 이탈리아 | 로마인의 함성이 가득했던 원형 경기장 콜로세움 … 113
• 요목조목 세계 유산 • 고대 로마의 놀라운 기술을 보여 주는 건축물 121

| 에스파냐 | 보압딜왕의 눈물이 어려 있는 알람브라 궁전 … 127
• 요목조목 세계 유산 • 멸망한 왕조가 남긴 아름다운 궁전 134

| 프랑스 | 태양왕의 권위만큼 화려한 베르사유 궁전 … 139
• 요목조목 세계 유산 • 프랑스의 역사가 차곡차곡 쌓인 궁전 146

| 러시아 | 러시아의 역사가 살아 있는 크렘린과 붉은 광장 … 151
• 요목조목 세계 유산 • 파란만장한 이야기가 담긴 붉은 성 156

4장 아메리카

| 미국 | 미국 독립 100주년 기념 선물 자유의 여신상 … 163
• 요목조목 세계 유산 • 자유와 희망의 상징이 된 동상 171

| 페루 | 잉카 제국의 신비로운 도시 쿠스코와 마추픽추 … 175
• 요목조목 세계 유산 • 여전히 비밀에 싸인 공중 도시 182

세계 문화유산에 버금가는 문화 유적 하나 더!
드라큘라 이야기의 배경이 된 루마니아의 브란성 … 186

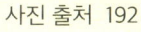

사진 출처 192

1장 아시아

중국 – 황제의 끝없는 욕망을 보여 준 진시황릉과 병마용갱

한국 – 조선 정조의 꿈이 깃든 수원 화성

티베트 – 티베트의 새 역사를 세운 손챈감포와 포탈라궁

캄보디아 – 비슈누 신에게 바친 사원 앙코르 와트

인도 – 황제의 지극한 사랑이 만들어 낸 타지마할

중국

진나라의 수도였던 시안 외곽에서 크기가 어마어마한 진시황릉과 병마용갱이 발견되었어. 병마용갱은 흙을 구워 만든 수많은 병사와 말 도용(왕과 같은 지배층 사람이 죽었을 때, 무덤 속에 함께 묻은 흙으로 만든 모형)이 있는 지하의 길이야. 갱 안에는 명령만 내리면 당장이라도 뛰쳐나갈 것 같은 병사 도용이 수천 개나 있었어. 전설 같은 진시황의 이야기 속으로 들어가 보자.

진시황의 무덤을 지키는 병사 도용

[황제의 끝없는 욕망을 보여 준 진시황릉과 병마용갱]

"이제부터 나는 진나라의 황제이다."

기원전 221년 최초로 중국을 통일한 진나라 왕 영정은 스스로를 시황제라 칭하였다. 그의 올라간 눈꼬리는 더욱 날카롭게 보였고, 우두머리 자칼처럼 포효하는 목소리는 자신감이 넘쳤다. 주변에 있던 여섯 나라를 다 제압했으니 그럴 만도 했다. 그는 가장 먼저 한나라를 멸망시켰고, 이어서 위나라, 초나라, 연나라, 조나라, 제나라까지 손아귀에 넣었다.

진시황 옆에는 꾀가 많은 승상 이사가 있었다. 이사는 진시황이 통일 왕국의 기틀을 잡는 데 큰 역할을 했다.

"폐하, 국가를 튼튼히 하기 위해서는 군현제가 필요합니다."

진시황은 이사의 제안대로 전국을 36개의 군으로 나누고 군 아래 현을 두는 제도를 만들었다. 중앙에서 관리를 내려보내 왕이 모든 지역을 다스릴 수 있는 중앙 집권제를 시행한 것이다.

"폐하, 백성들이 제각각 쓰는 한자의 글꼴을 우리 진나라 것으로 통일하셔야 합니다."

"그래, 그거 좋은 생각이구나."

진시황은 이번에도 이사의 말대로 통일된 글꼴을 쓰게 하는 '서동문' 제도를 시행했다.

또 전국 어디서나 크기와 모양이 같은 바퀴를 사용하게 한 '거동궤' 제도를 실시했다. 아울러 길이, 무게 등을 재는 도량과 화폐를 표준화시켰다. 좁은 도로를 넓히고 논이나 밭에 물을 댈 수 있는 수로를 정비했다. 이사의 도움으로 진시황은 혁신적이고 강력한 집권 체제를 갖추어 나갔다.

북방의 흉노족이 진의 위세를 꺾어 보려고 침략하자 진시황은 태자 부소와 몽념 장군에게 명을 내려 이들을 치게 했다. 또 흉노족이 다시 진나라를 넘보지 못하도록 허물어진 장성을 보수하고, 장성들을 연결해 만리장성을 쌓았다. 만리장성은 규모가 어마어마한 토목 공사였다. 이로 인해 국가 예산이 바닥나고 백성들의 살림도 어려워졌다.

그럼에도 진나라는 아직 막강해 보였다. 진시황은 화려하고 웅장한 아방궁을 비롯해 많은 궁궐을 지었다. 진시황은 부족함이 없는 스스로가 자랑스러웠다. 그런 자신에 도취되어 마치 신선이라도 된 듯이 행동했다. 신비로운 존재인 자신의 일거수일투족은 누구도 몰라야 했다. 그래서 궁궐과 궁궐 사이에 이어 놓은 복도로 다녔다. 이런 행동을 하게 된 또 다른 이유는 누군가 자신을 암살할지도 모른다는 두려움 때문이었다. 진시황은 영원히 살고 싶었기에 세상 끝까지 가서라도 불로초를 찾아오라고 명령했다. 불로초는 먹으면 '늙지 않는다'는 전설의 풀이었다.

진나라는 백성들을 법에 따라 엄격히 다스려야 한다고 주장하는 법가 사상을 강조했다. 진시황은 법가 사상을 내세워 엄격한 상벌로 백성을 다스렸다. 죄를 지으면 삼족을 멸하고, 마을 사람이 죄를 지으면 온 마을이 벌을 받아야 했다. 상벌보다 교육을 통해 순화하자는 유가 사상가들은 진시황의 정책에 불만을 품었다. 진시황과 이사는 이 학자들이 못마땅했다. 결국 진시황은 의약이나 농업 같은 실용적인 책만 남기고 모든 책을 불태우고, 유가 사상가들을 산 채로 구덩이에 묻어 버렸다. 이 사건을 분서갱유라고 한다. 분서갱유를 통해 자비 없는 진시황의 잔인한 성격이 그대로 드러났다.

진시황은 즉위하면서부터 점술가들이 정해 준 여산에 자신의 황릉을 건설하기 시작했다. 영혼이 있다고 믿었던 진시황은 사후 세계에서도 부귀영화를 누리고 싶어 했다. 그래서 어떤 왕보다 거대하고 화려하며 신비로운 황릉을 만들었다. 땅을 깊이 판 뒤 황릉 바닥에 동판을 깔았다. 천장에는 별자리가 있는 하늘의 지도를 그려 넣고 보석으로 장식했다. 어두운 황릉 안은 고래기름으로 불을 밝혔다. 황허강과 양쯔강을 닮은 강도 만들어 수은이 흐르도록 했다. 후에 도굴꾼이 침범하지 못하도록 하기 위해서였다. 도굴꾼이 무덤을 파헤치지 못하도록 가짜 무덤을 만들라는 지시도 내렸다.

진시황은 죽은 뒤에도 충성스러운 병사들이 자신을 지키기를 바랐다. 그래서 무덤 1킬로미터 가까이에 거대한 갱을 만들었다. 갱 안에는 어마어마하게 많은 병사 도용을 세워 두게 했다. 흙을 빚은 뒤 가마

에 구워 만든 병사들은 크기뿐만 아니라 군복 등도 실제 모습 그대로였다. 그 외에도 전차와 말, 곡예사, 악사 등도 실제 모습 그대로 만들어 갱 안에 넣게 했다. 심지어 무기는 실제 무기를 집어넣었다.

더 지독한 것은 무덤을 만든 사람들을 모두 생매장시킨 것이었다. 무덤의 비밀을 지키려면 그렇게 하는 수밖에 없었다. 진시황은 자신이 죽은 뒤에는 살아서 누린 것의 몇 배가 되는 귀한 물건들을 부장품으로 넣고, 자신을 모신 왕비와 궁녀들도 모두 함께 묻으라고 지시했다.

이렇게 사후의 일까지 완벽하게 계획했지만 진시황은 나라 안을 살피러 다니던 도중에 병을 얻어 마차에서 죽고 말았다. 그때 나이가 50세였다.

땅속에서 나온
수천 개의 병사와 말 도용

중국 대륙을 최초로 통일했던 진시황에 대한 기록은 많지 않단다. 사마천의 《사기》도 진시황이 죽은 지 100년이나 지난 뒤에 기록한 것이래. 그래서 진시황에 관한 이야기는 마치 전설이나 옛이야기처럼 전해 오고 있지.

진시황은 강력한 제국을 이뤄 냈고, 세상에서 가질 수 있는 모든 것을 손에 쥐었어. 부족함이 없었던 진시황의 귀를 솔깃하게 한 것은 바로 불로초였어. 영원히 살 수 있다는 말에 국고를 낭비해 가며 불로초 구하기에 나섰지.

2,000여 년 전 진시황의 신하 서복이 불로초를 구하려고 제주도까지 왔다고 해. 서귀포라는 지명은 서복 이야기에서 유래되었어. 서귀포에는 '서복 불로초 공원'과 '서복 전시관'도 있단다. 전설에 따르면 서복은 일본으로 도망쳤다고 해. 서복이 돌아오지 않자 진시황은 연나라 출신 노생에게 많은 돈을 주며 불로초를 구해 오라고 했지. 하지만 진시황을 신선이라 칭할 만큼 아부꾼이었던 노생도 결국 도망치고 말

았단다. 불로초라는 건 애시당초 세상에 없는 것이니까 구할 수가 없었지. 그래서 모두 도망친 거야.

《사기》에 의하면 기원전 210년 진시황은 자신의 제국을 다섯 번째로 순행(임금이 나라 안을 두루 살피며 돌아다니는 일)하던 중에 세상을 떠나고 만단다. 영원히 살아서 제국을 다스리겠다는 허황된 꿈은 무너져 버렸지. 중국을 통일한 지 10여 년 만이었어.

진시황은 맏아들이자 태자인 부소에게 왕위를 물려주고 싶어 했어. 그런데 환관 조고가 태자 부소를 자결하게 만들고 막내인 호해를 황제로 내세웠어. 이 모든 일은 순행 마차가 궁궐로 돌아오는 중에 이루어졌어. 조고는 진시황의 죽음을 알리지 않고 모든 일을 황제의 명령인 양 속였지. 그사이 진시황의 시신은 심하게 부패했어. 조고는 시신이 썩는 냄새를 숨기기 위해 생선 수레를 이용했다고 전해진단다.

진시황이 죽었을 때 황릉은 완성되지 않았대. 호해가 황제가 된 후 황릉을 완성했다고 해. 호해는 간악한 조고의 허수아비 황제였어. 하지만 그 자리도 오래가지 않았지. 진나라는 부패할 대로 부패해 겨우 4년 만에 멸망하고 말았단다.

진시황릉은 1932년 어느 산 주변에서 일하던 농부들이 병사 도용을 발견하면서 처음 알려졌어. 누가 늘 눈앞에 보이던 산이 황릉이라 생각했겠어. 진시황릉은 발견은 됐지만 아직 발굴 전이야. 중국 정부가 발굴할 기술이 부족해서라고도 하고, 너무나 어마어마한 문화재라

병마용갱의 도용은 사람뿐 아니라 말도 실제 모습과 꼭 닮았다.

신중하게 계획 중이라는 말도 있어.

   진시황릉이 발견되고 수십 년이 흐른 뒤에 드디어 병마용갱이 모습을 드러냈어. 병마용갱은 진나라 수도였던 시안 외곽에 있는 진시황릉에서 그리 멀지 않은 곳에 있단다. 가뭄이 든 1974년 봄, 우물을 파던 주민들이 발견했지. 주민들은 처음에 땅속에서 나온 사람의 팔과 다리 모양 도자기를 보며 고개를 갸웃거렸대. 도대체 왜 땅속에서 이런 물건들이 나오는지 말이야.

   드디어 몸통과 머리까지 나오자 그것이 병사 도용이라는 것을 알았지. 하지만 쏟아져 나온 도자기들을 논 귀퉁이에 모아 놓고 한숨을 쉬었어. 물을 찾으려고 우물을 팠는데, 물은 한 방울도 얻지 못했거든.

신이 난 건 아이들이었어. 도용을 던지고 발로 차고 깨뜨리며 실컷 놀 수 있었으니까. 그 도용들이 귀중한 문화재인 줄 몰랐던 주민들은 그런 아이들에게 아무도 뭐라고 하지 않았대.

그런데 우물 때문에 방문한 수자원 관리자가 보고는 눈이 휘둥그레졌지. 곧 전문가들의 조사가 이루어졌고, 진나라 유물이라는 사실을 알아냈어. 1호부터 4호 갱까지 발굴된 병마용갱에서는 병사 도용이 8,000여 개, 말 도용은 500여 개나 발견되었어. 병사 도용들은 키가 170에서 187센티미터나 되고 눈썹, 눈, 코, 입 등 표정이 생생해서 마치 살아 있는 사람 같단다. 얼굴도 다 다르게 생겼지. 마치 실제 사람을 보고 만든 것처럼 말이야.

동쪽을 향한 병사들은 명령만 내리면 바로 싸움에 나설 태세로 서 있어. 말들도 당장이라도 달려 나갈 듯 생생하단다. 원래 도용마다 색이 입혀 있었어. 하지만 땅속에서 발굴되면서 바로 색이 바래져 없어지고 말았대.

병마용갱은 그 예술적 가치와 문화적 가치를 인정받아서 1987년 진시황릉과 함께 유네스코 세계 문화유산에 등재되었지. 중국 정부는 현재 병마용갱을 진시황릉 박물관으로 만들어 놓았단다.

진시황은 자신의 권력으로 이룬 것들이 후세에 이렇게 떠들썩하게 알려질 줄 알았을까? 아직 발굴조차 하지 않은 진시황릉이 그 비밀을 벗는다면 또 얼마나 신비한 이야기가 밝혀질까?

한국

경기도 수원에는 아름다운 성곽이 있어. 조선 22대 왕 정조의 꿈이 깃들어 있는 화성이야. 정조의 명으로 정약용이 설계한 화성은 이전까지의 우리나라 성곽뿐 아니라 중국이나 일본 성곽에서도 볼 수 없는 독특한 형태의 성이야. 정조는 왜 화성을 세웠을까? 또 화성에는 어떤 이야기가 얽혀 있을까?

다양한 방어 시설을 갖추면서도 주변의 자연과 잘 어우러지도록 만든 수원 화성

[조선 정조의 꿈이 깃든 수원 화성]

　환한 달빛이 문풍지로 스며들었다. 정조는 읽던 책을 덮고 자리에서 일어섰다. 구름 한 점 없이 검푸른 하늘이 기운차 보였다. 돌계단을 내려서니 소나무 사이로 보이는 달이 유난히 크고 둥글었다.
　"달빛이 참으로 밝구나."
　부드러운 달빛이 영춘헌을 감싸고 있었다. 정조는 마음이 포근해졌다. 왠지 꿈꾸던 일이 잘될 것만 같았다. 문득 달 속에 아버지의 얼굴이 비쳐 보였다. 정조의 마음을 읽기라도 한 듯 달 속의 아버지가 빙그레 미소를 지었다.
　"아버님!"
　아버지에 대한 그리움이 밀물처럼 밀려왔다. 정조는 한동안 달빛 아래 서서 생각에 잠겼다.

정조는 왕이 된 뒤로 힘을 키우기 위해 애썼다. 그래야 자신의 뜻을 펼칠 수 있기 때문이었다. 정조는 당파에 관계없이 공정한 정치를 펼치고 백성들이 살기 좋은 나라를 만들고 싶었다. 그래서 왕실 도서관인 규장각을 만들어 정책의 밑받침이 될 학문을 연구하게 하고, 실생활에 필요한 학문인 실학을 중시했다. 허가받은 상인들만 하던 장사를 누구나 할 수 있도록 법을 바꾸어 상업을 발전시키고 물가를 안정시켰다. 또 흉년이 들어 굶는 아이들을 구하는 법을 만드는 등 정성을 다해 나라를 다스렸다. 하지만 마음 한편에 늘 무겁게 자리 잡고 있는 생각이 있었다. 억울하게 죽어 간 아버지 사도 세자의 명예를 회복시켜 드리고 싶다는 소망이었다.

정조는 양주(지금의 서울 동대문구 전농동) 배봉산에 초라하게 만들어져 있던 아버지 묘를 수원 화산(지금의 화성시)으로 옮기고 현륭원이라 이름 지었다. 그곳은 묘지로 쓰기에 좋은 자리였다. 그런데 왕족의 묘 부근 10리 안에는 사람이 살 수 없다는 법 때문에 근처에 살던 백성들은 이사를 해야 했다. 정조는 백성들이 옮겨 갈 곳으로 아버지 묘와 가까운 팔달산 부근을 눈여겨보았다. 야트막한 산과 구릉이 펼쳐지고 적당한 평지가 있어 상업과 농업을 발전시키기에 좋은 곳이었다. 무엇보다 충청도, 경상도, 전라도에서 한양으로 가는 길목이라 교통이 좋았다.

사실 이전부터 정조는 왕권 강화를 위해 새로운 도시 건설이 필요하다고 생각하던 터였다. 농업과 상업이 발전한 경제 도시는 강력한 왕의 상징이 될 것이라 믿었다. 또한 훗날 왕위를 아들에게 넘겨주고 새 도시에서 강한 조선을 만드는 데 힘을 보태고 싶었다.

정조는 화산에 살던 백성들에게 이전보다 더 좋은 터전을 마련해 줄 수 있을 것 같아 기뻤다. 그래서 집값과 이사 비용을 후하게 주어 팔달산 아래로 이주하게 했다. 관청과 백성들의 집을 짓고, 길도 넓게 닦았다. 이주한 백성들에게는 하던 일을 계속할 수 있도록 하고 장사를 적극 권장했다. 새로운 도시는 계획대로 척척 진행되었다. 그러던 중 강유가 올린 상소를 보고 정조는 가슴이 뛰었다. 새 도시에 방어 시설이 없으니 성곽을 쌓아야 한다는 내용이었다.

달빛 아래 서서 이런저런 생각에 빠진 정조는 상소를 받았던 그날처럼 가슴이 부풀었다. 규장각에서 공부한 젊은 실학자 정약용에게 성곽

의 설계를 부탁해 두었으니 곧 좋은 소식이 오리라 믿었다. 정약용은 한강에 배다리를 만들었던 실력자이니 기대할 만했다. 정조는 달빛을 밟으며 다시 영춘헌으로 들어가 밤이 깊도록 책을 놓지 않았다.

얼마 뒤, 정약용이 설계도를 올렸다.
"오, 짐이 바라던 것이 바로 이것이다! 지금까지와는 다른 새로운 성곽 말이다."
정조는 얼굴 가득 웃음을 머금고 기뻐했다. 정약용이 '성설'이라는 이름으로 올린 설계도가 마음에 쏙 들었다.
"내, 너에게 설계에 필요한 여러 책을 보내면서도 못내 미안했는데……. 부친을 여의고 삼년상을 치르는 중에도 이런 훌륭한 설계도를 만들었구나. 정말 장하다."
정조는 큰 힘이 되어 준 정약용이 무척 고마웠다. 하지만 곳곳에 걸림돌이 있었다. 신하들은 멀쩡한 한양이 있는데 왜 수원에 성을 쌓으려 하냐며 반발했다. 무엇보다 성을 튼튼히 쌓기 위해 돌을 사용하고 싶은데 그 많은 돌을 구할 방법이 없었다.
"아버님, 석성을 쌓으려고 하는데 돌이 없습니다. 할 수만 있다면 도와주십시오."
정조는 답답한 마음에 돌아가신 아버지에게 기도를 올렸다. 그런데 얼마 뒤 놀라운 일이 벌어졌다. 팔달산에서 그리 멀지 않은 숙지산과 여기산에서 많은 돌을 발견한 것이다.

"아버님, 제 기도를 들어주셔서 감사합니다."

정조는 자신의 꿈을 하늘이 돕고 있다는 생각이 들었다. 그래서 성을 쌓는 데 더욱 정성을 다했다.

"적들이 절대 넘볼 수 없도록 튼튼하게 쌓아라. 그러면서도 아름다워야 하고, 자연의 이치를 거스르지 않아야 하느니라."

정조는 자신의 뜻을 잘 이해하는 채제공을 성곽 건설 총책임자로 임명했다. 돌을 다루는 석수, 나무를 다루는 목수, 흙을 바르는 미장이, 벽돌을 만드는 벽돌공, 쇠를 다루는 대장장이 등 각종 기술자들이 온 나라에서 뽑혀 왔다. 드디어 공사가 시작되었다

"나랏일을 하는데 품삯을 받다니 이게 웬일이야."

"이게 다 임금님 덕분 아니겠는가."

조선 시대에는 백성들에게 나랏일을 시킬 때 품삯을 따로 주지 않았다. 그런데 정조는 수원 화성을 쌓는 사람들에게 품삯을 주도록 했다. 일꾼들은 신이 나서 더욱 열심히 일했다.

공사장에는 소들이 끄는 수레가 오가며 돌을 실어 날랐다. 평형을 잘 잡아 비탈길도 거침없이 다닐 수 있는 유형거라는 수레도 돌을 나르는 데 한몫했다. 둥근 막대 위로 돌을 굴려 이동시키는 작업도 계속되었다. 여러 개의 도르래가 설치된 거중기가 무거운 돌을 들어 올렸다. 도르래가 하나뿐인 녹로는 거중기보다 큰 무게를 들 수는 없었지

만 더 높은 곳으로 돌을 날랐다.

"기계가 있어 일이 훨씬 쉽고 빠른걸."

"그러게나 말일세. 이런 기계는 내 생전 처음 보네."

기계의 성능에 일꾼들도 감탄했다. 여러 기계 덕분에 작업 능률이 네다섯 배나 올랐다. 무더운 한여름과 강추위가 몰아치는 한겨울엔 작업이 중단되기도 했지만 기계 덕분에 빠르게 성이 만들어졌다.

드디어 화성이 완성되었다. 정조는 성곽이 무척 마음에 들었다. 단단하게 잘 쌓은 성벽을 어루만지며 성 주변을 거닐었다. 구불구불 휘어진 지형처럼 성곽도 부드러운 곡선을 이루고 있었다.

"아름답도다. 이렇게 구부려 쌓으니 저기 흐르는 시내처럼 '내 천(川)' 자 모양이 됐구나."

이제 꿈꾸던 대로 화성을 한양에 버금가는 도시로 발전시키고 싶었다. 정조는 벅찬 마음으로 오래오래 성곽을 거닐었다.

다양한 군사 시설을 갖춘 독특한 성

　수원 화성은 조선 22대 왕 정조가 왕권 강화를 위해 세운 성이야. 당시 정조는 현륭원이 있는 화산의 '화'를 따서 수원의 이름을 '화성'으로 바꾸었어. 그 뒤로 1895년 화성은 다시 수원군이 되었고, 지금은 행정 구역상 수원시야. 그래서 수원 화성이라고 부르는 거야. 현륭원이 있는 화산은 지금의 화성시란다.

　정조 때는 당파 싸움으로 나라를 다스리기가 쉽지 않았어. 왕이라고 해서 마음대로 할 수 없었지. 정조는 힘 있고 잘사는 나라를 만들고 싶었어. 그래서 신분을 따지지 않고 인재를 뽑았고, 실생활에 도움이 되는 과학과 기술을 중시하는 실학을 연구하도록 했어.

　정조는 아버지의 묘를 수원 화산으로 옮기며 현륭원(1899년에 융릉으로 높임)이라 이름 붙였어. 정조가 하는 일을 어떻게든 반대하려던 신하들도 정조의 효심을 막지는 못했어. 조선은 유교 사상을 중시했는데 유교에서 효는 아주 중요한 덕목이었거든. 이어서 정조는 평소에 꿈꾸던 대로 신도시를 세우고 왕의 별궁인 행궁도 지었어. 아버지 묘소에

갈 때마다 행궁에 머물렀지. 정조는 해마다 아버지 묘소에 가기 위해 화성으로 향했어. 그 모습은 8폭의 병풍에 그린 〈화성능행도〉에 자세하게 표현되어 있단다.

젊은 실학자 정약용의 과학적인 설계도에 따라 건축된 수원 화성은 사람들이 활발하게 경제 활동을 할 수 있는 거주지와 군사적인 방어 시설을 동시에 갖추고 있었어. 주로 돌을 사용했지만 벽돌과 목재도 쓰여 더 독특하고 아름다운 성곽이 탄생했지.

화성은 정조의 나라 사랑, 백성 사랑, 실학 중심 사상이 꽃피운 곳이라 할 수 있어. 정약용이 만든 거중기와 녹로 같은 기계들은 실학 사상이 만들어 낸 실용적인 건축 장비였거든. 정약용은 《기기도설》이라는 중국 책을 보며 이 기계들을 만들었는데, 어디에서도 찾아볼 수 없는 창의적인 것이었어. 화성을 건설할 때 사용된 거중기는 열한 대나 되었대. 만약 그 기계들이 발명되지 않았다면 화성을 짓는 데 10년은 족히 걸렸을 거야. 그러나 1794년 1월에 시작된 공사는 3년도 채 안 되는 1796년 9월에 완성되었어. 새로운 기술 덕분에 시간이 단축된 것은 물론 공사 비용과 일손도 많이 줄었고, 부상자도 줄일 수 있었지.

화성의 둘레는 5,744미터, 넓이는 1.3제곱킬로미터, 성곽의 높이는 4.9~6.2미터야. 성벽을 튼튼하게 쌓기 위해 아래쪽은 큰 돌을 배치하고 돌끼리 서로 맞물리게 했어. 또 돌을 쌓아 올릴 때는 규형으로 쌓았어. 규형이란 성벽 위쪽으로 올라가면서 안쪽으로 들어갔다가 다

수원 화성의 북문인 장안문

팔달산 남쪽 기슭에 있는 서암문

성곽 주위를 살피기 위해 높게 지은 동북 공심돈

군사들이 포를 쏘는 북포루의 포구

시 바깥쪽으로 나오게 쌓는 방법이야. 이런 방식은 성벽을 튼튼하게 할 뿐 아니라 아름답게 보이게 해 주지.

성곽에는 일정한 거리마다 사각형으로 튀어나오게 쌓은 치성이 있어. 치성은 적을 공격하거나 막아 내기 좋았어. 군사들이 치성에 몸을 숨기고 사방을 살필 수 있었거든. 성문은 동서남북으로 네 개 내었는데, 동문은 창룡문, 서문은 화서문, 남문은 팔달문, 북문은 장안문이야. 사대문 앞에는 항아리 모양의 옹성을 쌓아 적군이 침입하지 못하도록 막았어. 휘어져 들어간 으슥한 곳에는 비밀스러운 암문도 있었어. 적이 쳐들어왔을 때 전쟁에 필요한 물자를 옮기거나 병사들이 이동할 수 있는 좁은 문이야. 평소에는 백성들과 가축들이 드나들었어.

또 화성을 남북으로 가로질러 흐르는 수원천에는 일곱 개의 아치형 수문인 화홍문이 있어. 화홍문은 화성의 무지개라 불릴 정도로 아름답단다. 화홍문은 다리도 되고, 쉼터도 되고, 물길을 관리하는 곳이기도 해. 성곽 위에 누각을 올린 공심돈에서는 군사들이 사방을 살필 수도 있고, 적을 발견하면 벽에 만들어 놓은 총구로 공격할 수도 있었어. 불과 연기를 지펴 적의 공격을 알리는 봉수대인 봉돈도 마련되었지.

수원 화성은 일제 강점기와 6·25 전쟁 때 많은 부분이 파괴되었어. 그러나 《화성성역의궤》라는 책에 성곽 건축에 대한 내용이 담겨 있어서 원래 모습대로 복원할 수 있었단다. 《화성성역의궤》에는 그림과 글로 화성을 쌓을 때 썼던 도구, 재료, 재료의 규격, 몇 사람이 며칠 일했는지, 일한 사람이 어느 고을에서 온 누구인지까지 자세하게 기록되어 있거든.

유네스코 세계 유산 위원회는 화성에 대해 이렇게 말했어.

"화성은 동서양을 망라하여 고도로 발달된 과학적 특징을 고루 갖춘 근대 군대 건축물의 뛰어난 모범이다."

이처럼 높이 평가받은 화성은 1997년 유네스코 세계 문화유산에 등재되었단다.

티베트

달라이 라마가 거주하던 궁이자 라마교 사원인 포탈라궁은 해발 3,700미터 홍산 위에 우뚝 서 있어. 티베트의 위대한 왕 손챈감포가 지은 궁전이지. 자연 친화적이며 아름다운 포탈라궁을 서양 건축가들은 '하늘 위의 베르사유'라고 했어. 손챈감포는 어떤 왕이며, 왜 이 궁전을 지었을까?

중국 시짱 자치구의 라싸에 있는 라마교 사원 포탈라궁

[티베트의 새 역사를 세운 손챈감포와 포탈라궁]

629년 손챈감포는 열세 살에 티베트의 왕이 되었다. 야룽 왕조를 세운 아버지가 암살당한 후였다. 손챈감포는 어렸지만 지혜롭고 결단력이 있었다.

'귀족들의 힘을 약화시키고 강력한 중앙 집권제를 이루어야 해. 그러려면 수도를 옮겨야겠어.'

손챈감포는 '어미 사슴 뒷다리에 세워진 궁전'이란 뜻을 가진 야룽 계곡의 융부라캉을 떠나 라싸로 갔다. 손챈감포는 필요한 행정 제도와 도덕 규범을 만들어 지키게 했다. 그리고 전국을 군사 단위로 재정비하여 티베트를 체계적으로 다스렸다.

손챈감포를 도운 사람은 가르통첸과 톤미 삼보타였다. 가르통첸은 귀족 출신으로 행정 체제와 법전을 만드는 일을 도왔고, 뛰어난 외교

능력을 발휘했다. 톤미 삼보타는 학식이 높은 학자였다. 손챈감포는 톤미 삼보타를 인도로 유학시켜 티베트 문자를 만들게 했다. 덕분에 인도의 산스크리트어를 토대로 만든 티베트어로 역사를 기록하고 불경을 번역할 수 있었다.

티베트가 나라를 정비하며 위상을 높일 무렵 중국에는 당나라가 있었다. 당 태종 이세민은 나라를 잘 다스리던 황제였다. 634년 손챈감포는 당나라에 사신을 보냈다. 발전하고 있는 티베트의 권위를 보여 주고자 한 것이다. 당 태종도 풍덕하라는 사신을 티베트로 보내왔다. 손챈감포는 힘 있는 나라와 화친을 맺었으니 걱정이 없을 줄 알았다. 하지만 마음이 놓이지 않는 부분이 있었다.

"국경에 있는 세력들이 모두 당의 영향력 아래 있단 말이야. 그들이 우리 티베트를 함부로 넘보지 못하게 할 방법이 없을까?"

손챈감포는 고민 끝에 무릎을 쳤다. 해결책은 당나라 공주와의 결혼이었다. 그러면 티베트는 당나라와 평화롭게 지낼 수 있을 뿐 아니라 국경에 있는 작은 세력들과 다툼을 벌일 일도 없을 것이었다. 더욱이 공주가 지참금(신부가 결혼할 때 가지고 가는 돈)과 선진 물품들을 가지고 올 게 분명했다. 나라의 평화와 경제적 이익까지 얻을 수 있는 기가 막힌 생각이었다. 손챈감포는 당나라에 다시 사신을 보내 이런 생각을 전했다.

당나라는 손챈감포의 청혼이 무척 난감했다. 이미 돌궐족과 토욕혼

(4세기 초 티베트계 유목민이 중국 칭하이 지방에 세운 나라)이 당나라 공주와 결혼하기를 청해 왔기 때문이다. 티베트의 사신이 청혼하러 당나라 수도 장안에 갔을 때 이미 토욕혼 사신이 도착해 있었다. 당 태종은 청혼을 거절할 수밖에 없었다.

"뭐라고! 내 청혼을 거절했단 말이냐? 이대로 있을 수는 없지."

손챈감포는 직접 군사를 이끌고 토욕혼을 쳤다. 그러고는 당나라 영토까지 치고 들어갔다.

티베트의 15만 대군에 놀란 당나라도 대대적으로 군사를 이끌고 공격해 왔다. 전쟁이 치열해지자 티베트의 기세도 한풀 꺾였다. 손챈감포는 전쟁을 중단하고 다시 한번 청혼하기로 마음먹었다. 토욕혼을 쳐서 이들의 힘을 약화시켜 놓았으니 이제라도 당나라와 화친하면 손해 볼 게 없었다. 손챈감포는 다시 사신을 보냈다.

손챈감포의 거듭된 청혼에 당 태종은 신하들과 머리를 맞대고 의논했다. 그 결과 티베트의 사신들에게 절대 풀 수 없는 어려운 문제를 내서 거절하자는 묘수를 냈다. 드디어 첫 번째 문제가 주어졌다.

"자, 여기 어미 말 100마리, 망아지 100마리가 있소이다. 어미와 새끼 사이를 가려내 보시오. 이 문제를 풀지 못한다면 그대들의 청을 들어줄 수 없소."

티베트의 사신 대표는 가르통첸이었다. 지혜로운 가르통첸은 당황하지 않고 망아지들을 어미 말과 떼어 놓고 온종일 굶겼다. 다음 날 어미 말을 풀밭에 풀어 놓고 망아지들도 풀어 놓았다. 망아지들은 헐레벌떡 어미에게 달려가 젖을 찾았다. 고생하지 않고도 저절로 어미와 새끼 관계를 알아낼 수 있었다. 당 태종과 신하들은 가르통첸의 지혜에 감탄했다. 하지만 곧 두 번째 문제를 냈다.

"여기 구불구불하게 구멍이 뚫려 있는 구슬이 있소. 여기로 실을 통과시켜 보시오. 이번 문제는 풀기 어려울 것이오."

"흠, 좀 어려운 문제는 없습니까? 이거야 너무 쉬워서 말입니다."

가르통첸이 빙그레 웃으며 말했다.

"문제를 맞히기나 하고 그런 말을 하시오."

당 태종과 신하들은 가르통첸이 자신이 없어서 핑계를 댄다고 생각했다.

"그럼, 실을 통과시켜 보겠습니다."

가르통첸은 개미의 허리에 실을 묶어 구슬의 구멍 안쪽으로 밀어 넣었다. 그리고 입으로 후후 불자 개미가 앞으로 나아가 구슬을 빠져나왔다.

"하하하, 간단하지 않습니까."

가르통첸이 호탕하게 웃었다. 이어서 계속 문제가 더 주어졌지만 가르통첸은 모두 거뜬하게 해결했다.

"음, 신하가 이렇게 지혜롭다면 그 왕 또한 대단할 것 같소."

그제야 당 태종은 손챈감포의 청혼을 받아들였다. 지참금 때문에

경제적 부담이 있었지만 티베트와 평화롭게 지내는 것도 중요한 일이었다. 티베트의 힘을 무시할 수 없었기 때문이다.

이렇게 해서 641년 당나라 문성 공주는 손챈감포의 신부가 되었다. 그녀는 티베트로 시집오면서 수많은 종류의 곡식과 가축을 가져왔다.

의술이나 건축, 공업 기술 관련 책과 각종 비단옷도 가져왔다. 또 당나라 불교 경전과 불상도 있었다. 손챈감포의 생각대로 온갖 진귀한 보물을 다 가져온 것이다.

흡족한 손챈감포는 문성 공주를 위해 궁전을 지었다. 이것이 홍산 위에 세워져 홍산 궁전이라고도 불리는 포탈라궁이었다. 티베트 건축 기술과 당나라 건축 기술이 합쳐진 독특한 포탈라궁은 라싸 시내 어디에서든 훤히 보였다. 백성들은 티베트의 위엄과 존귀함을 나타내는 포탈라궁을 우러러보며 위대한 왕 손챈감포와 문성 공주의 행복을 빌었다.

티베트의 강력한 상징이 된 궁전

　티베트 사람들은 손챈감포를 관세음보살의 화신으로 여기며 존경했어. 손챈감포는 나라를 튼튼하게 했을 뿐 아니라 문화적으로도 큰 발전을 이끌어 냈지. 당나라의 선진 문물을 받아들이고 사람들을 유학 보내 인재를 기르는 데 힘썼단다.

　포탈라궁은 티베트의 힘을 과시했던 손챈감포가 7세기에 처음 지었어. 3,700여 미터 고지에 우뚝 서 있는 포탈라궁은 마치 하늘과 맞닿은 것처럼 보인단다. 손챈감포는 문성 공주가 가져온 불상을 모시기 위해 조캉 사원도 지었고, 티베트 불교도 더욱 발전시켜 나갔어.

　포탈라궁의 현재 모습은 17세기 이후 달라이 라마들에 의해 완성된 것이야. 달라이 라마는 '큰 바다의 스승'이라는 뜻으로, 티베트의 종교적·정치적 지도자야. 티베트 사람들은 달라이 라마가 죽으면 다시 태어나 또다시 달라이 라마로 살아간다고 생각한대. 지금 달라이 라마가 이전의 달라이 라마와 같은 사람이라는 것이지.

　가장 강력했던 달라이 라마는 1642년 간덴 왕국을 다스린 5대 달라이 라마였어. 그는 1645년에 허물어지고 방치된 포탈라궁을 다시 짓기 시작했지. 1648년 완성된 하얀색 건물 백궁에 정부가 들어섰단다. 5대 달라이 라마가 죽은 뒤에도 포탈라궁은 계속 지어져 1694년 붉은색 건물 홍궁이 세워졌어.

백궁에는 달라이 라마의 거주지와 집무실이 있었어. 국내외 사절을 만나 정치적인 일을 보는 곳이기도 했지. 백궁의 서쪽에 있는 홍궁은 달라이 라마의 유품이 보관되어 있고 주로 종교적 공간이었어. 이곳에는 달라이 라마의 개인 수도원도 있었단다. 포탈라궁에는 방이 1,000여 개 있고 사원과 사당이 1만 개나 된단다. 궁궐 안으로 들어가면 이런 방들과 사원이 마치 미로처럼 이어져 있지. 이처럼 포탈라궁은 정치와 종교가 함께 이루어지는 궁전이었어.

티베트에서는 라마교를 믿어. 라마교는 불교의 일종이야. 티베트 사람들은 불심이 깊단다. 돈이 없어 밥을 못 먹더라도 야크 기름은 꼭 준비한다는 말이 있을 정도야. 야크 기름으로 사원 불단에 불을 피워 올리고 기도하기 위해서지.

티베트에서는 부처님 말씀을 새겨 놓은 천을 만국기처럼 매달아 놓은 타르초와 장대에 길게 매달아 놓은 룽다를 어디서나 볼 수 있어. 부처님의 말씀이 바람을 타고 세상에 퍼지기를 바라는 마음이 깃들어 있지. 타르초와 룽다는 다섯 가지 색이 있는데 파랑은 하늘을, 노랑은 땅을, 빨강은 불을, 하양은 구름을, 초록은 물을 상징해. 이는 모두 자연을 나타내는데, 그만큼 자연을 소중하게 여긴다는 뜻이란다.

타르초는 죽은 이를 추도하는 기도 깃발로, 파랑, 노랑, 빨강, 하양, 초록 깃발에 경전을 목판으로 인쇄해 매달아 놓는다.

　티베트에서는 불교 경전이 새겨진 원통형의 마니차라는 것을 돌리는 사람들을 흔하게 볼 수 있어. 마니차는 손에 쥘 수 있을 만큼 작은 것부터 커다란 종만 한 것까지 다양하단다. 티베트 사람들은 마니차를 한 번 돌리는 것이 불교 경전을 한 번 읽는 것과 같다고 생각한대. 마니차를 돌리며 경전을 읽는 것과 같은 지혜를 바라는 것이지. 또 티베트 사람들은 부처님에게 온몸을 던진다는 뜻으로 '오체투지'를 한단다. 몸의 다섯 부분 즉 양쪽 무릎, 양쪽 팔꿈치, 이마가 땅에 닿게 절하는 것이지. 먼 시골에서부터 몇 년에 걸쳐 오체투지를 하며 라싸로 오는 순례자들도 있어. 현재의 삶보다 내세의 삶을 위해 기도하고 공을

들이는 사람들이야.

　티베트는 중국의 침략으로 나라를 잃고 말았어. 지금은 중국의 한 자치구가 되었지. 포탈라궁을 지키던 14대 달라이 라마는 1959년 인도로 망명했어. 인도 다람살라에서 망명 정부를 세우고 비폭력 독립 운동을 펼치고 있지. 많은 티베트 사람들이 자유를 찾아 히말라야를 넘어 다람살라로 떠났단다.

　포탈라궁은 주인을 잃은 채 중국 공안이 지키는 박물관으로 바뀌었어. 하지만 티베트를 호령하고 당나라와 대등한 외교를 펼쳤던 손챈감포의 위엄은 여전히 포탈라궁에 남아 있단다. 티베트의 역사를 한마디로 요약한다면 포탈라궁이라고 할 수 있는지 몰라. 그만큼 포탈라궁은 티베트의 강력한 상징이거든. 라마교의 성지이며, 티베트 정치와 종교의 주춧돌이었던 포탈라궁은 1994년 유네스코 세계 문화유산에 등재되었어.

캄보디아

캄보디아의 앙코르 와트는 수백 년 동안 밀림에 숨겨져 있던 신전이야. 캄보디아의 옛 왕국 크메르의 유적이지. 나비를 채집하기 위해 밀림으로 들어간 한 프랑스 곤충학자에 의해 세상에 알려지게 되었어. 세상을 깜짝 놀라게 한 앙코르 와트에는 어떤 이야기들이 깃들어 있을까?

수백 년 만에 정글에서 깨어난 앙코르 와트

[비슈누 신에게 바친 사원 앙코르 와트]

"어허, 이대로는 안 되겠어."

크메르 왕국의 브라만 승려인 디바카라판티타는 다라닌드라바르만 1세를 바라보며 한숨을 쉬었다. 제 역할을 해내지 못하는 왕이었기 때문이다.

이전 왕 자야바르만 6세가 세상을 떠나자 정치를 이끌던 브라만 승려들은 고민에 빠졌다. 자야바르만 6세의 아들도 일찍 세상을 뜬 상태였다. 왕위를 물려받을 사람이 없어 고민하다 자야바르만 6세의 형을 왕으로 세웠다. 이 왕이 바로 다라닌드라바르만 1세였다.

왕이 바로 서지 못하니 백성들은 갈 길을 잃고 헤맸다. 나라 밖에서는 적들이 호시탐탐 노렸다. 이대로 가다가는 다른 민족에게 나라를 잃을지도 몰랐다. 디바카라판티타는 고민이 깊었다.

그러던 어느 날 롭부리 지방에 사는 한 소년을 보고 디바카라판티타의 눈이 번쩍 뜨였다. 소년은 아직 어렸지만 몸도 튼튼하고 민첩해 보였다. 무엇보다 지혜롭게 느껴졌다.

"왕족 중에 이런 보물이 있었다니. 하늘이 나라를 위해 내리신 인물이 분명해."

디바카라판티타는 소년에 대해 조심스럽게 알아보았다. 소년은 무예뿐만 아니라 학문을 익히는 데도 열심이었다. 모든 자질을 갖추어 왕이 되기에 부족함이 없었다.

"음, 저 아이라면 왕으로 모셔도 되겠어."

디바카라판티타는 마음이 벅차올랐다.

소년은 다라닌드라바르만 1세의 조카였다. 아직 어리지만 언젠가는 나약한 삼촌 대신 자신이 왕이 되겠다는 소망을 품고 있었다. 날카로운 디바카라판티타의 눈은 소년의 마음을 단숨에 알아챘다.

1113년 디바카라판티타를 비롯한 브라만 승려들의 도움을 받아 소년은 반란을 일으켰다. 싸움이 시작되자 다라닌드라바르만 1세는 높다란 코끼리 등에 앉아 전투를 지휘했다. 소년은 재빠르게

코끼리 위로 올라가 삼촌을 베었다. 하지만 반대 세력에 밀려 당장 왕위에 오르지는 못했다. 6년이 지난 뒤에야 비로소 크메르 왕국의 18대 왕이 되었다. 이때 왕의 나이는 열일곱 살이었다. 그가 바로 수리야바르만 2세였다.

"나는 우리 크메르의 힘을 세상에 보여 주겠소. 누구도 얕보지 않는 강한 나라를 만들어 백성들이 안심하고 살 수 있게 할 것이오."

"전하, 훌륭하시옵니다. 저희는 목숨을 바쳐 오직 전하만을 섬기겠습니다. 어떤 어려움이 온다 해도 전하의 힘이 되어 드릴 것입니다."

브라만 승려들과 신하들은 이처럼 왕에게 충성을 맹세했다.

수리야바르만 2세는 정식으로 왕이 되었음을 선포한 뒤 쿨렌산으로 갔다. 힌두교 신들이 조각되어 있는 그곳에서 자신이 왕이 되었음을 신들에게 알렸다.

디바카라판티타는 수리야바르만 2세에게 왕권 강화에 힘써야 한다고 조언했다.

"전하, 왕은 곧 신이니 우주를 닮은 사원을 건설하시옵소서."

디바카라판티타는 그렇게 해야 삼촌을 죽이고 왕위에 오른 일이 정당화될 것이라고 했다. 흩어져 있던 백성들의 마음을 하나로 합치고, 나라를 더 강하게 만들기 위해서도 필요한 일이었다.

"좋소. 나는 곧 신이니 신궁을 지어야 하고말고. 영원히 남을 수 있도록 단단한 돌로 지어야겠소. 지혜로운 디바카라판티타여, 우리 크메르의 번영을 위해 그대가 이 일을 맡아 주시오."

수리야바르만 2세가 기뻐하며 이렇게 명했다. 그리고 한 가지 덧붙였다.

"나는 태양의 신이며 이 세계를 유지하는 비슈누 신에게 사원을 바치고 싶소. 비슈누 신의 방향인 서쪽으로 사원을 지어 주시오."

"알겠습니다. 넓은 땅에 건물을 올리고, 주변에는 바다처럼 연못을 만들겠습니다. 건물 둘레에는 히말라야산맥처럼 길게 벽을 쌓을 것입니다."

"벽면에는 비슈누 신의 화신인 라마의 일대기를 조각하면 좋겠소."

수리야바르만 2세가 들뜬 목소리로 말했다. 강력한 왕권을 위해서, 위대한 왕이 되기 위해서 자신은 비슈누의 화신이 되어야 했다. 이는 삼촌을 죽이고 왕위에 오른 데서 오는 불안감을 떨칠 수 있는 방법이기도 했다.

"당연한 말씀입니다. 서쪽 회랑에는 전하의 업적을 새겨 넣을 것입니다. 사원 가운데는 우주의 중심이며 우리 힌두교의 영산인 메루산을 우뚝 세울 것입니다."

디바카라판티타가 설계도를 왕 앞에 펼쳐 보였다.

"오, 메루산!"

수리야바르만 2세의 눈빛이 빛났다. 설계도일 뿐인데도 메루산이 눈앞에 보이는 듯했다. 수리야바르만 2세는 믿음직한 디바카라판티타에게 온갖 진귀한 선물을 안겨 주었다. 자신을 왕위에 앉을 수 있게 도운 막강한 힘을 자랑하는 브라만 승려였고, 앞날까지 보좌해 줄 지혜로운 신하였으니 아까울 게 없었다.

드디어 공사가 시작되었다. 일꾼 수만 명이 돌을 깨고 나르고 쌓았다. 돌은 쿨렌산에서 캐내어 필요한 크기로 잘라 코끼리에게 끌게 하거나 뗏목에 실어 날랐다.

사원을 짓는 동안 수리야바르만 2세는 용맹하게 전쟁에 나섰다. 언제나 가장 앞에 서서 병사들에게 본이 되었다. 수리야바르만 2세의 모습만 보고도 병사들의 사기는 하늘을 찔렀다. 덕분에 크메르의 영토는 점점 넓어졌다. 베트남 남부 지역에 있는 참파족을 정복하고 그 기세를 몰아 멀리 태국, 말레이시아, 미얀마까지 뻗어 나갔다.

수리야바르만 2세는 전쟁에서 포로로 잡아 온 사람들을 사원 건설에 투입했다. 그들은 먼 타국 땅에 와서 남의 나라 왕을 위해 힘든 노동을 할 수밖에 없었다. 건설은 30여 년이나 계속되었다. 수리야바르만 2세는 왕위에 있는 내내 앙코르 와트를 지었고 죽은 후에는 앙코르 와트에 묻히며 '위대한 비슈누의 세상'이란 뜻의 '파라마비슈누로카'라는 이름을 얻었다. 하지만 그가 완성된 앙코르 와트를 보았는지는 알 수 없다.

크메르의 영광을 만날 수 있는 곳

　빽빽하게 우거진 정글 사이에서 지금까지 본 적 없는 놀라운 유적을 발견했다면 어떤 기분일까? 1860년 프랑스 곤충학자 앙리 무오는 나뭇가지 사이로 보이는 탑을 보고 눈을 의심했어. 물론 톤레사프호 북쪽에 거대한 도시가 있다는 소문은 알고 있었어. 하지만 그는 맹수가 우글거리는 정글에 도시가 있을 리 없다고 생각했지.

　앙리 무오는 버려진 유적을 조사하기 시작했어. 유적지를 스케치하고 여행기를 썼어. 그러나 이듬해 라오스 정글 탐사 도중 말라리아에 걸려 목숨을 잃고 말았지. 그의 여행기는 프랑스 잡지에 실리게 됐고, 사람들은 어떻게 이런 놀라운 유적이 그동안 밀림에 숨어 있었는지 관심을 품게 되었단다. 앙리 무오 전에 선교사들도 이곳을 알고는 있었지만 무오처럼 세상에 알리지는 않았대.

　앙코르 와트는 크메르 왕국의 수리야바르만 2세가 건설했어. 수리야바르만 2세는 자신을 신이라 일컬으며 신이 머무는 사원을 지었지. 크메르는 오늘날의 캄보디아에 있던 왕국으로, 9세기에서 15세기까지 동남아시아에서 막강한 힘을 자랑했어.

그런데 이렇게 강대했던 크메르는 태국 아유타야의 침략을 받고 힘을 잃고 말았단다. 하지만 번영했던 당시의 흔적이 남아서 후세에 이야기를 전하고 있어. 신의 세계를 땅에 담아낸 것이 바로 앙코르 와트라고, 크메르에 이런 날도 있었다고 말이야.

캄보디아 시엠레아프에 있는 앙코르 와트는 세계에서 가장 큰 사원이야. 사원을 둘러싼 해자는 폭이 200미터, 길이가 5.4킬로미터에 이르지. 해자란 성이나 사원 둘레에 있는 연못을 말해. 적이 침입하기 어렵게 하려고 만든 것이지. 사원의 길이는 동쪽에서 서쪽까지는 1킬로미터, 남쪽에서 북쪽까지는 800미터나 된단다.

해자에 놓인 다리를 건너면 540미터쯤 되는 '참배의 길'이 나와. 이 길을 걸으면 좌우가 대칭인 건물을 마주하게 되는데, 이게 바로 앙코르 와트야. 기다란 회랑(지붕이 있는 긴 복도)이 있고, 중앙에 우주의 중심을 상징하는 성스러운 메루산을 나타낸 65미터 큰 탑이 우뚝 서 있어. 큰 탑의 사방엔 작은 탑 네 개가 솟아 있단다.

1층 회랑 벽면은 부조(평평한 면에 글자나 그림을 도드라지게 새긴 것)로 장식되어 있어. 서쪽 회랑에는 양쪽으로 인도의 대서사시 라마 왕자의 일대기, 마하바라타 이야기를 부조로 표현해 놓았어. 남쪽 회랑에는 수리야바르만 2세의 행진 모습, 전쟁 모습 등도 섬세하게 장식되어 있지. 북쪽 회랑에는 비슈누 신 등 힌두교 신들이 부조되어 있어. 동쪽

회랑에는 죽음에 관한 부조로 천당과 지옥을 표현해 놓았단다. 또 사원 곳곳에서 신화 속 '천상의 무희'인 아름다운 압사라의 모습도 볼 수 있어. 압사라 춤은 캄보디아의 전통 춤이 되어 지금까지 이어져 오고 있단다.

앙코르 유적지에 있는 힌두교 사원 반티아이 스레이

앙코르 와트 주변에는 크메르 시대 유적들이 널리 퍼져 있어. 거대한 성곽인 앙코르 톰, 네 면에 얼굴이 있는 바이욘 사원, 거대한 스펑나무 뿌리에 기대어 아슬아슬 서 있는 타프롬 사원, 특히 부조가 아름다운 반티아이 스레이 사원, 해돋이와 해넘이가 아름다운 프놈 바켕 사원 등이야. 모두 그 규모와 건축술에 감탄사를 자아내게 하는 것들이지. 이 유적들은 크메르 왕국의 전성기를 들여다볼 수 있게 해 준단다.

앙코르 와트 유적군은 그 역사와 예술성을 높이 평가받아 1992년 유네스코 세계 문화유산에 등재되었어. 지금은 세계 여러 나라 사람들이 위대한 크메르의 영화를 만나기 위해 끊임없이 이곳을 찾는단다.

인도

궁전보다 아름다운 무덤을 본 적 있니? 심지어 무덤에 딸린 정원도 무척 멋지게 꾸며져 있어. 인도의 아그라에 있는 타지마할이 바로 그 무덤이야. 타지마할은 누가 만들었고, 누가 묻혀 있는 걸까? 궁전도 아닌 무덤을 이토록 화려하게 만든 까닭은 무엇일까?

순백의 대리석으로 웅장하고 아름답게 만들어진 타지마할
© Yann Forget / Wikimedia Commons / CC-BY-SA

[황제의 지극한 사랑이 만들어 낸 타지마할]

　무굴 제국의 5대 황제 샤자한은 왕비인 뭄타즈 마할을 사랑했다. 뭄타즈 마할은 사치를 부리지 않았다. 지혜로울 뿐 아니라 왕에게 항상 다정하고 온화했다. 아랫사람들에게도 따스하게 대했다. 그런 뭄타즈 마할을 샤자한은 무척 자랑스러워했다. 샤자한은 늘 뭄타즈 마할과 함께 있고 싶었고, 그래서 어디라도 그녀를 데리고 갔다. 심지어 전쟁터에도 함께 갔다.

　1631년 샤자한과 뭄타즈 마할은 데칸 고원 지역의 부르한푸르에 있었다. 귀족들의 반란을 진압하기 위해 머무르는 중이었다. 임신 중이던 뭄타즈 마할은 무거운 몸으로 정성껏 음식을 만들었다. 흥얼흥얼 콧노래도 불렀다. 샤자한은 흐뭇하면서도 걱정이 되었다.

　"아니, 몸도 무거운데 시녀들에게 시키지 그러오."

"아닙니다. 곧 아기를 낳으면 한동안 못 할 텐데요."

뭄타즈 마할은 환한 얼굴로 말했다.

며칠 뒤 한밤중이었다.

"왕비, 가면 안 되오!"

다급한 샤자한의 목소리가 들렸다. 아기를 낳던 뭄타즈 마할의 상태가 몹시 좋지 않았다.

"폐하, 소원이 있사옵니다."

뭄타즈 마할은 마지막 힘을 모아 속삭였다.

"그게 무엇이오? 뭐든 다 들어주겠소."

샤자한은 뭄타즈 마할 얼굴에 귀를 바짝 갖다 댔다.

"세상에서 둘도 없는 아름다운 궁궐 꿈을 꾸었습니다. 꽃과 나무가 가득한 정원이 있었지요. 제가 죽거든 그런 무덤을 지어 주세요."

뭄타즈 마할은 가쁜 숨을 몰아쉬면서 입술을 달싹였다. 그리고 곧 숨을 거두고 말았다.

"사랑하는 왕비여! 내 꼭 그대가 원하는 무덤을 지어 주겠소."

샤자한은 뭄타즈 마할을 붙잡고 아침이 밝을 때까지 쓰러져 울었다. 어찌나 울었는지 눈이 퉁퉁 부을 정도였다.

"흰옷을 가져오너라."

상복을 입은 샤자한은 슬픔에서 헤어 나오지 못했다. 마치 시든 나뭇잎처럼 축 처져 지냈다. 거대한 제국을 다스리는 군주의 모습

은 찾아볼 수 없었다. 음식도 먹지 않았고 노래와 음악도 멈추었다.

'폐하, 어째서 그러고 계십니까? 저와의 약속을 지켜 주셔야지요. 어서 힘을 내십시오.'

샤자한은 눈앞에 나타난 뭄타즈 마할을 향해 손을 뻗었다.

"왕비, 보고 싶었소. 손이라도 잡아 봅시다. 손이라도!"

샤자한은 소리쳤지만 눈을 뜨면 꿈일 뿐이었다. 곁에 있어야 할 왕비는 없었다. 아무리 애타게 불러도 뭄타즈 마할은 다시 살아 돌아오지 않았다.

"그래, 약속을 지켜야지."

샤자한은 마음을 굳게 먹었다. 자신이 얼마나 뭄타즈 마할을 사랑하는지 사람들에게 보여 주고 싶었다. 또 세상에서 가장 멋진 무덤을 지어 왕비와의 약속을 지키고 자신이 위대한 왕임을 널리 알려야겠다고 생각했다.

"왕비가 원하던 정원을 만들려면 강이 가까워야 해. 성에서도 잘 보이는 곳이어야 하고."

샤자한은 마침내 알맞은 땅을 찾아냈다. 아그라성에서 그리 멀지 않고 자무나강과도 가까웠다. 땅 주인은 황제에게 기꺼이 자신의 땅을 내놓았다. 샤자한은 땅을 내놓은 귀족에게 받은 땅의 네 배가 넘는 다른 땅을 주었다. 땅이 준비되자 샤자한은 일을 서둘렀다.

"세상에서 가장 뛰어난 기술자들을 불러라."

이란, 이탈리아, 프랑스 등지에서 실력 있고 유명한 기술자들이 모였다. 설계도가 완성되자 수많은 일꾼이 땅을 파내고 기초를 닦았다. 건축 재료를 실어 나르기 위한 도로도 냈다. 그 도로로 힘센 황소들과 코끼리들이 채석장에서 캔 붉은 사암을 날랐다. 우윳빛 대리석을 실은 수레도 길게 이어졌다. 티베트, 터키, 이집트 등 여러 나라에서 터키석, 홍옥, 루비, 사파이어 같은 보석도 사들였다. 공사장에는 먼지가 뿌옇게 일어났다.

샤자한은 무덤이 지어지는 과정을 꼼꼼하게 지켜보았다. 오로지 무덤 공사에만 온 힘을 쏟아부었다. 드디어 22년 만에 무덤이 완성되었다.

"오, 완벽해! 왕비, 당신도 마음에 들지요?"

무덤 앞에 선 샤자한은 감격스러웠다. 건물 중앙에 있는 새하얀 돔이 눈부시게 빛났다. 사방에 있는 작은 돔들도 반짝거렸다. 네 귀퉁이에 우뚝 솟아 있는 첨탑들도 엄숙하고 위엄 있어 보였다.

"저 돔이 꼭 왕관 같으니 이곳을 타지마할이라고 불러야겠소."

타지마할은 '마할의 왕관'이라는 뜻이었다. 눈가가 촉촉해진 샤자한은 한동안 서서 무덤을 바라보았다. 그리고 마치 뭄타즈 마할의 손을 잡고 거니는 것처럼 천천히 정원으로 갔다. 곳곳에 이어 놓은 수로 덕분에 나무들은 푸르렀고, 꽃들은 곱게 피어났다. 온갖 새소리가 들려오고 벌과 나비들이 날고 있었다. 샤자한은 마치 천국에라도 온 것처럼 아름다운 정원을 천천히 거닐었다.

샤자한은 타지마할 건너편에 검은 대리석으로 자신의 무덤도 만들 생각이었다. 황금 다리를 만들어 무덤과 무덤을 연결할 계획도 세웠다. 하지만 아들의 반란으로 아그라성에 갇히고 말았다. 다행히 아그라성에서는 타지마할이 훤히 보였다. 샤자한은 죽는 날까지 타지마할을 보며 뭄타즈 마할을 그리워했다. 죽은 뒤에는 뭄타즈 마할 옆에 나란히 묻혔다.

세상에서 가장
아름다운 무덤

　무덤 하나를 만드는 데 22년이나 걸렸다니, 도대체 얼마나 화려하고 멋지게 지었기에 그렇게나 오래 걸렸을까? 만약 이 아름다운 무덤을 눈으로 직접 본다면 단번에 이해가 될 거야. 누구든 순백의 신비로운 타지마할의 매력에 푹 빠지고 말거든. '사람이 만든 건축물이 이렇게 아름다울 수가 있다니!' 하면서 말이야.

　타지마할은 인도 북부의 도시 아그라에 있단다. 샤자한이 지은 왕비 뭄타즈 마할의 무덤이지. '마할의 왕관'이라는 뜻의 타지마할은 1631년 짓기 시작해 1653년에 완공되었어.

　도대체 샤자한은 왜 이렇게 오랜 시간 동안 정성 들여 왕비의 무덤을 만들었을까? 무굴 제국의 황제였던 샤자한은 세 번째 왕비인 뭄타즈 마할을 무척이나 사랑했어. 원래 뭄타즈 마할은 샤자한과 결혼할 수 없었어. 정치적으로 적이었던 계모 누르자한의 조카였기 때문이지. 그러나 샤자한은 이런 역경을 극복하고 그녀와 결혼했어. 좋지 않은 상황이 오히려 두 사람의 사랑을 더 애틋하게 했지.

뭄타즈 마할의 원래 이름은 아르주만드 바누 베감인데 샤자한이 '궁전의 꽃'이라는 뜻으로 '뭄타즈 마할'로 지어 줬단다. 뭄타즈 마할이 아이를 낳다가 세상을 떠나자, 샤자한은 애통해하며 아름다운 무덤을 만들어 주기로 결심했지.

무굴 제국의 5대 황제 샤자한

샤자한은 곧 최고의 전문가를 불러 무덤을 설계했어. 세계 여러 나라의 진귀하고 아름다운 보석도 사들였어. 코끼리, 황소는 물론 수많은 일꾼이 무덤 공사에 참여했지. 공사장에는 동물과 사람이 뒤엉켜 바쁘게 움직였어. 그야말로 대공사였단다.

눈부신 흰 대리석과 반짝이는 보석으로 치장한 아름다운 무덤을 보며 샤자한은 무척 만족했어. 하지만 이렇게

타지마할의 주인 뭄타즈 마할

아름다운 건축물이 또 어디엔가 생길까 봐 걱정이 들기도 했지. 그래서 무덤을 지은 일꾼들의 손목을 잘랐다고 해. 황제의 빗나간 욕심이 이렇게 끔찍한 일을 저지르게 한 거야. 그럼에도 타지마할은 세계 여

67

러 나라 사람들에게 감동을 주고 있단다. 아름다운 무덤이기도 하지만 애절한 사랑 이야기가 어려 있기 때문이야.

타지마할은 힌두교와 이슬람교 양식이 결합된 건축물이야. 무굴 제국은 이슬람 왕조였지만 많은 백성들이 힌두교를 믿었거든. 이 아름다운 무덤의 문에 들어서면 널따란 정원이 보이지. 정원 한가운데에는 아주 긴 직사각형 연못이 있어. 연못은 250미터쯤 이어지는데 그 끝에 대리석으로 지은 타지마할 건물이 우뚝 서 있어. 아름다운 아치 위에 커다란 중앙 돔이 있고, 돔을 중심으로 네 개의 작은 돔이 있어. 또 건물 네 귀퉁이에 네 개의 원통형 첨탑이 높이 솟아 있지. 연못 가운데로 길게 선을 그어 보면 건물도, 첨탑도, 푸르른 정원도 완전한 대칭이야. 건물도 동서남북 어느 곳에서 보아도 대칭을 이루고 있단다. 타지마할은 아름다운 꽃과 이슬람 경전, 여러 가지 문양으로 장식되어 있어.

원하던 대로 뭄타즈 마할의 멋진 무덤을 완성한 샤자한은 그 뒤로 어떻게 되었을까? 샤자한의 최후는 몹시 불행했단다. 샤자한이란 이름은 '세계의 왕'이란 뜻이야. 그만큼 그는 영토를 넓혔고, 붉은 성, 자마 마스지드(인도 북부 델리에 있는 이슬람 사원), 라호르성 같은 훌륭한 건축물을 많이 지었지. 하지만 타지마할 공사로 강력했던 나라는 휘청거리기 시작했어. 왕이 무덤 공사에만 집중하니 정치가 어지러워질 수밖에 없었어.

결국 셋째 아들 아우랑제브가 반란을 일으켰고, 샤자한은 아그라성

무삼만 버즈(포로의 탑)에 갇히고 말았어. 다행히 탑에서는 타지마할이 내려다보였지. 왕은 날마다 타지마할을 바라보며 눈물지었단다. 눈을 감을 때까지 8년간이나 말이야. 인생의 마지막 무렵을 불행 속에 보냈지만 죽은 뒤에 왕비 곁에 누웠으니 위로를 받았겠지?

 타지마할은 '인도에 있는 모슬렘 예술의 보석이며, 인류가 보편적으로 감탄할 수 있는 걸작'이라는 평을 받으며 1983년 유네스코 세계 문화유산에 등재되었어.

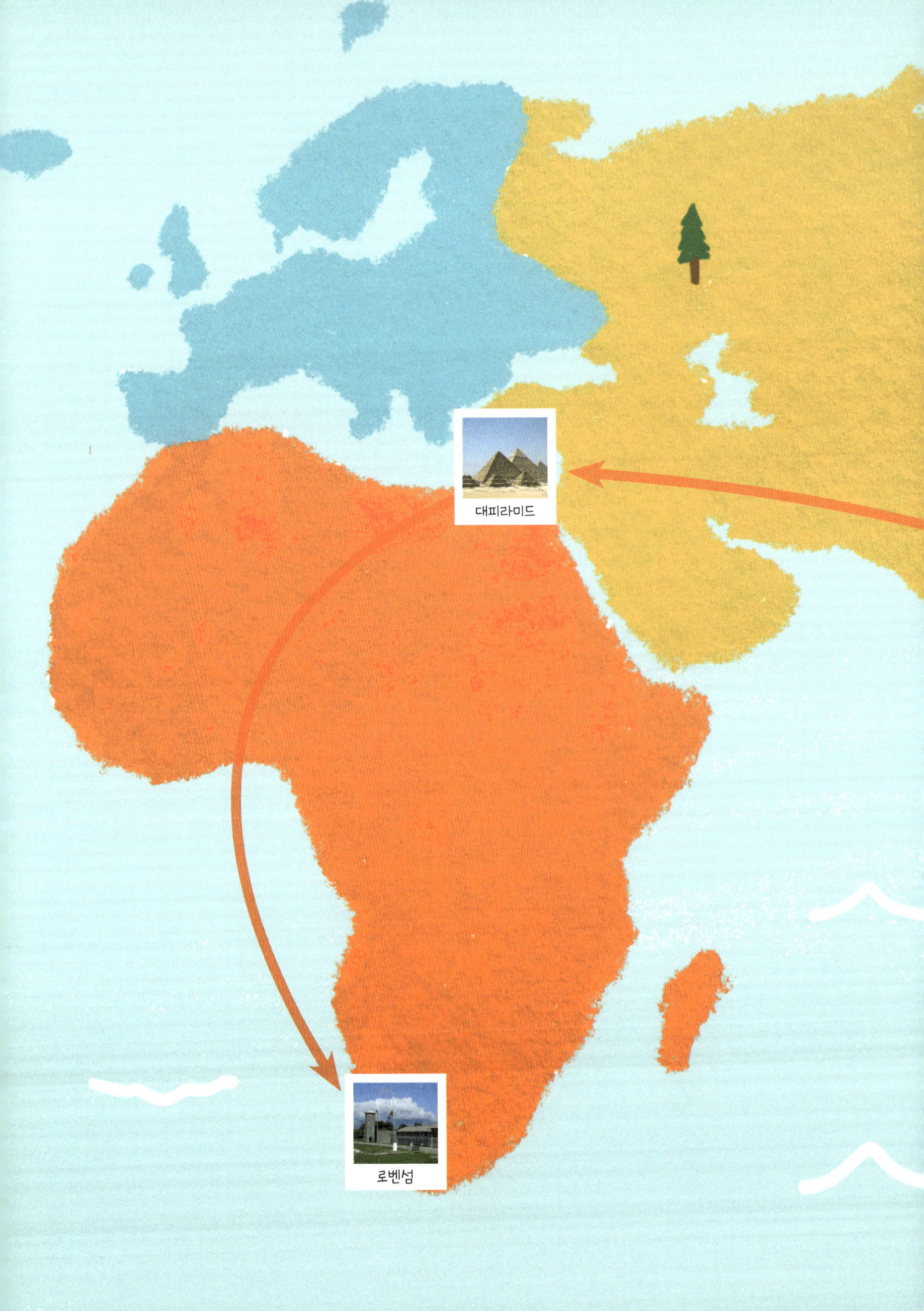

2장 오세아니아와 아프리카

오스트레일리아 – 푸른 바다와 하늘 사이에 자리한 시드니 오페라 하우스

이집트 – 모래 위의 신비한 무덤 기자의 대피라미드

남아프리카 공화국 – 넬슨 만델라가 갇혀 있던 로벤섬

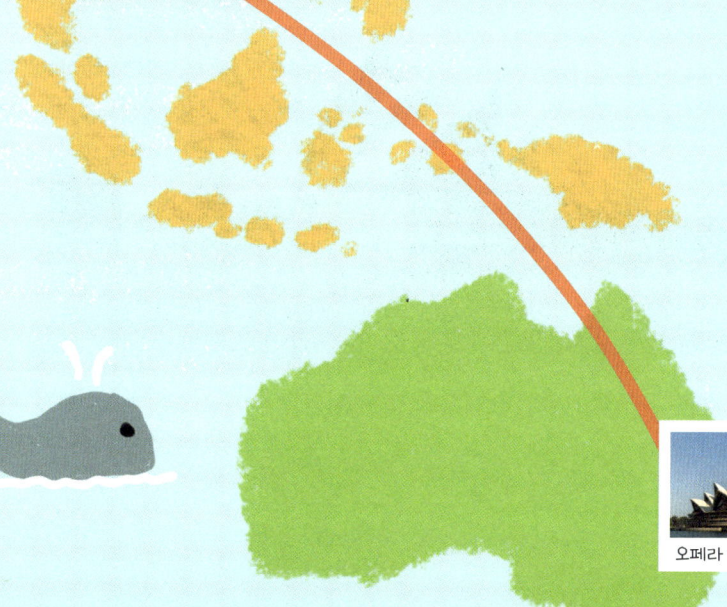

오페라 하우스

오스트레일리아

　푸른 하늘과 더 푸른 바다 사이, 하얀 돛을 활짝 펼친 요트를 닮은 건물이 있어. 오스트레일리아 시드니의 베넬롱곶에 있는 오페라 하우스야. 오페라를 좋아하지 않아도 단지 이 건물을 보기 위해 수많은 사람이 이곳을 찾는단다. 아름다운 항구를 더욱 빛나게 만들어 준 오페라 하우스는 어떻게 만들어지게 되었을까?

창의적이고 혁신적인 건축물로 평가받는 시드니의 오페라 하우스
© Dietmar Rabich / Wikimedia Commons / "Sydney (AU), Opera House 2019 2152" / CC BY-SA 4.0

[푸른 바다와 하늘 사이에 자리한
시드니 오페라 하우스]

 1945년 오스트레일리아 뉴사우스웨일스주는 특별한 계획을 세웠다. 이 지역뿐만 아니라 나라를 대표할 만한 건축물을 만들기로 한 것이다. 시드니 오케스트라 지휘자였던 유진 구센스가 낸 의견이었다. 그는 평소 시드니 시민들이 자부심을 느낄 만한 오페라 하우스가 있으면 좋겠다고 생각했다. 그러다 이런 생각을 뉴사우스웨일스주 의회에 알렸다. 그 무렵 멜버른에서 올림픽을 유치하게 되었다는 소식이 있었다.
 "우리 뉴사우스웨일스주도 국제 도시가 하나쯤 있어야 하지 않겠습니까?"
 뉴사우스웨일스주 의회 의원들은 적극적으로 팔을 걷어붙였다. 유진 구센스의 의견을 긍정적으로 검토하기 시작했고, 공청회까지 열었다. 당시 오스트레일리아 사람들은 유럽의 멋진 오페라 무대를 부러워했다. 자신들도 유럽인 못지않은 문화생활을 즐기고 싶었다. 게다가 뉴사우스웨일스주 사람들은 올림픽이 개최될 멜버른에 버금가는 도시를 만들고 싶었다.

"오페라 하우스는 시드니 항구 베넬롱곶에 지으면 좋겠어요."

"맞아요. 베넬롱곶에 다목적 건축물로 지읍시다."

"건축물은 바다와 잘 어울리는 디자인이어야 하지 않을까요."

공청회에서는 오페라 하우스에 관한 의견들이 쏟아졌다. 의견은 곧 하나로 모였고 모두 마음을 합해 사업을 진행하기로 했다.

먼저 정해야 할 것은 누가 건축 설계를 하느냐였다. 의회는 국제적인 건축물이 되려면 오스트레일리아에 국한되지 않는 세계적인 건축가가 참여해야 한다고 결정했다. 그래서 1957년 세계 건축 설계 공모전을 열었다. 공모전에는 200여 개가 넘는 작품이 들어왔다. 심사 위원들은 부푼 마음으로 응모작을 검토했다.

"어쩌죠? 마땅한 작품이 없네요."

심사 위원들이 난처한 표정을 지었다. 그때 샤리넨이란 심사 위원이 의견을 냈다.

"그렇다고 다시 공모전을 열 수는 없잖아요. 탈락한 작품을 다시 꼼꼼히 살펴보는 게 어때요?"

"좋아요. 우리가 혹시 놓친 작품이 있을 수도 있지요."

심사 위원들은 다시 꼼꼼하게 살펴보았다.
"이게 어때요? 아주 독특하지 않습니까?"
"그건 우리 시드니 오페라 하우스 건립 위원회가 요구하는 조건을 충족시키지 못해서 탈락한 작품입니다."

"하지만 이 환상적인 지붕 스케치 좀 보세요. 매우 독창적이네요. 마치 흰 요트를 연상하게 해요. 게다가 바다 풍경과도 잘 어울리지 않습니까?"

"그렇긴 하지만 조건에 충족하지 못한 작품을 어떻게 당선시킨단 말인가요?"

"독특해서 좋잖아요. 조건은 다시 맞추면 되겠지요."

심사 위원들의 의견은 조금씩 달랐지만 오랜 논의 끝에 결국 그 작품을 당선작으로 결정했다. 그것은 덴마크 건축가 예른 웃손의 응모작이었다.

1959년 드디어 베넬롱곶에 기초 공사가 시작되었다. 웃손이 설계한 작품은 건축물로 짓기에 무척 어려웠다. 아직 누구도 이런 건축물을 지어 본 경험이 없었기 때문이다. 특히 지붕 부분은 너무 복잡하고 어려웠다. 건축 설계자 웃손은 같은 덴마크 출신 구조 기술자 오브 애럽과 함께 문제를 해결해 나갔다.

하지만 워낙 설계가 독특했기에 기존 공법으로는 불가능한 게 많았다. 설계안대로 진행하기 어려운 부분들은 다시 설계할 수밖에 없었다. 이후로도 재설계는 계속되었다. 언제나 새로운 공법을 연구하며 지어야 했다. 그 밖에도 어려움은 끊이지 않았다.

"이를 어쩌지요? 설계를 수정하고 새 공법을 연구하다 보니 예산이 턱없이 모자라는군요."

오페라 하우스 건립 위원회와 뉴사우스웨일스주 의회 의원들은 점점 불안해졌다. 건축 기간도 계속 늘어났다. 쉽게 생각한 일은 아니었지만 이렇게 어려울 것이라고도 생각하지 못했다. 무엇보다 언론이 부정적인 보도를 해 가며 사기를 떨어뜨리고 여론을 악화시켰다. 결국 웃손은 건축에서 손을 떼어야만 했다. 안타깝게도 자신이 설계한 건축물을 마무리 짓지 못하게 되었다.

주 정부는 모든 것을 축소하기로 했다. 웃손의 디자인을 대폭 수정하고 예산을 절약할 방안을 내놓았다. 어떻게든 공사 기간을 단축하려고 했다.

"이렇게 해서는 안 됩니다. 아무리 시간이 오래 걸려도 원안대로 해야 해요. 다른 어떤 디자인도 웃손의 디자인만큼 베넬롱곶을 아름답게 만들지는 못할 것입니다. 이것이야말로 저 푸른 바다와 가장 어울리는 건축물이라고요."

웃손의 작품을 심사했던 심사 위원들은 토목부 장관과 힘을 합해 주 정부를 설득했다. 이들은 처음 세웠던 계획대로 오페라 하우스가 들어서야 한다는 뜻을 확고하게 밀고 나갔다. 어렵게 만든 만큼 나중에는 훨씬 더 빛을 발할 거라고 주장했다.

1973년 10월 20일, 오랜 노력 끝에 드디어 오페라 하우스 개관식이 열렸다. 영국 여왕 엘리자베스 2세는 "힘들게 지어진 시드니 오페라 하우스가 4,000여 년 동안 놀라움을 안겨 주는 피라미드처럼 되기를 바란다."라며 축하해 주었다. 여왕의 말은 얼마 지나지 않아 현실이 되었다. 전 세계 사람들이 오페라 하우스를 보러 시드니로 몰려들었다. 시드니 오페라 하우스는 역사는 짧지만 인간의 기술이 얼마나 놀라운지 보여 주는 건축물이었기 때문이다.

그러나 오페라 하우스는 완공된 뒤에도 계속 보수 공사를 할 수밖에 없었다. 소금기를 머금은 해풍이 건물을 상하게 했다. 2000년에 열린 시드니 올림픽 때도 그렇고 그 후로도 대대적으로 손을 보며 지금의 건물을 유지하고 있다.

2003년에 예른 웃손은 인류와 환경에 공헌한 건축가에게 주는 '프리츠커상'을 받았다. 수상 이유는 '시드니 오페라 하우스는 20세기를 상징하는 건물이며, 한 도시뿐만 아니라 한 국가와 대륙의 상징물'이기 때문이라는 것이었다.

100년도 되지 않은
신생 문화유산

    오스트레일리아 시드니 바닷가에는 우리를 깜짝 놀라게 하는 건물 하나가 있어. 하얀 돛을 활짝 펼치고 당장이라도 바다로 나가 파도를 가를 것 같은 모습의 오페라 하우스야. 이 아름다운 오페라 하우스는 100년도 안 된 현대 건물이야. 그런데도 유서 깊은 유적지 못지않게 귀한 대접을 받고 있지. 수많은 사람들에게 즐거움과 영감을 주는 독특하고 예술적인 건축물이기 때문이야.

    사람들은 설계자인 예른 웃손이 요트의 하얀 돛을 보고 디자인했다고도 하고, 하얀 조가비 모습을 본떴다고도 해. 어떤 사람들은 오렌지 껍질을 벗길 때의 모습을 보고 힌트를 얻었을 거라고 하지. 또 웃손이 여행 중에 본 이슬람교 사원의 둥근 지붕과, 중국과 일본의 타일을 보고 영감을 얻었다는 이야기도 있어. 어떤 이야기가 맞는지는 알 수 없어. 다만 바다와 관련이 깊다는 것은 확실해. 덴마크에 있는 웃손의 설계 사무소가 바다 가까이에 있었대. 그래서 웃손은 바다와 어울리는 설계를 할 수 있었을 거라고 해.

시드니 오페라 하우스는 그 앞에 서면 왠지 사방에서 노랫소리가 울려 퍼질 것만 같아. 이 건물의 사진을 찍고 싶다면 아마 종일 머물러 있어야 할지도 몰라. 왜냐하면 시시각각 다른 느낌이 드는 멋진 사진을 찍을 수 있는 곳이거든.

오페라 하우스가 있는 시드니는 이탈리아의 나폴리, 브라질의 리우데자네이루와 함께 세계 3대 아름다운 항구로 꼽히는 곳이야. 사람들이 부러워하는 살기 좋은 도시 중 하나이고, 오스트레일리아에서 가장 오래된 도시이기도 하지.

16세기 초에 맨 처음 오스트레일리아를 탐험한 나라는 네덜란드야. 그런데 비용 등의 문제로 탐험이 중단되었지. 18세기 후반에 영국의 제임스 쿡 선장이 이곳에 도착했고, 곧 영국의 범죄자들이 들어왔단다. 또 이민자들도 와서 터를 잡았어. 1850년대에는 이곳에서 금광이 발견되었어. 금을 캐기 위해 사람들이 몰려들었고, 급속도로 인구가 늘면서 발전하기 시작했단다.

이제는 오스트레일리아의 상징이 된 시드니 오페라 하우스는 오스트레일리아 대륙 남동쪽에 있는 베넬롱곶에 있어. 오래전 베넬롱곶은 양과 소를 키우는 곳이었어. 그러다 러시아의 침공을 대비해 요새가 들어섰지. 나중에는 전차 차고지가 되었다가 그 자리에 시드니 오페라 하우스가 지어졌단다.

오페라 하우스의 면적은 약 5만 8,000제곱미터야. 독특한 모양의

웅장하고 아름다운 오페라 하우스 콘서트홀

지붕은 4,000여 개의 틀 위에 100만 개 이상의 타일을 사용했대. 오페라 하우스에는 공연 무대만 있는 게 아니야. 주 공연장 콘서트홀이 있고, 오페라 극장, 드라마 극장 등이 있어. 또 도서관과 연습실, 휴게실, 식당 등이 있는 다목적 건물이야. 건물 내에 방이 1,000여 개나 된단다.

 가장 큰 공연장은 2,700여 개의 좌석이 있는 콘서트홀이야. 천장과 위쪽 벽에는 자작나무 합판을 붙이고 아래쪽 벽과 바닥 등에는 회양목을 깔아서 음향 효과를 높였어. 음향 효과가 뛰어나기 때문에 많은 음악인들이 이곳에서 공연하고 싶어 하지. 특히 중앙에 1만 개가 넘는 파이프와 5단짜리 건반으로 된 파이프 오르간은 세계에서 가장 크단다. 이곳에서는 교향악과 오페라뿐만 아니라 민속 음악 등을 연주하고, 필요에 따라 큰 회의를 열 수도 있어.

이제 시드니 하면 오페라 하우스, 오페라 하우스 하면 시드니를 떠올리게 돼. 아니, 오페라 하우스는 시드니라는 한 도시를 넘어서 오스트레일리아라는 국가의 상징이 되었어. 건축물이기 전에 하나의 예술품이고, 자연과 잘 어우러지는 멋진 모습이 우리에게 선명한 인상을 남겨 주지. 예른 웃손도 오페라 하우스에 대해 건축물이 아니라 예술품이라고 말했대. 이 예술품은 태양과 빛, 구름이 더 빛나게 해 줄 거라고 말이야.

시드니는 오페라 하우스 덕분에 수십 년 동안 세계 여러 나라 사람들의 사랑을 받고 있지만 하마터면 건축비 때문에 큰 낭패를 볼 수도 있었어. 하지만 열정을 가지고 포기하지 않은 사람들의 노력으로 시드니 오페라 하우스는 2007년 유네스코 세계 문화유산에 등재되었단다. 바다와 조화로운 건물, 세계적인 공연 예술을 보여 줄 수 있는 곳, 또 실험적이고 과감한 건축으로 다른 건축물에 큰 영향을 준 작품이라고 여겨서였지.

이집트

　이집트 기자 지역의 메마른 사막에는 마치 산처럼 우뚝 선 피라미드가 있어. 수천 년 전 이집트 고왕국 시대에 만들어진 피라미드는 그동안 많은 탐험가와 역사가들의 연구 대상이 되었지. 하지만 아직도 풀리지 않은 비밀들이 남아 있단다. 피라미드는 무엇이며, 어떻게 만들어졌을까? 수수께끼 같은 피라미드에 얽힌 이야기 속으로 들어가 보자.

이집트 기자에 있는 거대한 피라미드

모래 위의 신비한 무덤
기자의 대피라미드

　기원전 2500년경 쿠푸왕은 높다란 보좌에 앉아 있었다. 보좌는 금빛으로 번쩍거려서 눈이 부실 지경이었다. 쿠푸왕의 모습도 웅장하고 아름다운 궁전에 걸맞은 위엄을 갖추고 있었다. 쿠푸왕은 신하들과 이야기를 나누는 중이었다.

　"폐하, 피라미드를 건설하시옵소서."

　신하들이 쿠푸왕에게 머리를 조아렸다. 이집트 왕 파라오는 신이나 마찬가지였다. 그래서 사람들은 파라오가 죽어서도 이집트를 다스린다고 믿었다. 위대한 이집트의 위엄을 드러내고 파라오의 영생불멸을 기원하기 위해 왕의 무덤인 피라미드는 꼭 필요했다.

　"알겠소. 안 그래도 생각하고 있었소."

　쿠푸왕이 고개를 끄덕였다. 전 왕이었던 아버지 스네푸르왕도 피라

미드를 건설했다. 파라오라면 당연한 일이었다. 다만 생각할 게 많았다. 이전의 피라미드들이 허물어지고 있다는 것이 걱정이었다. 아버지의 피라미드도 도굴되고 말았다. 좀 더 튼튼했다면 도굴꾼들이 감히 접근하지 못했을 것이다. 쿠푸왕은 자신의 피라미드만은 절대로 허술

하게 짓고 싶지 않았다. 깊은 고민 끝에 쿠푸왕은 모든 백성 앞에 공표했다.

"나 파라오를 위해, 우리 이집트를 위해 피라미드를 건설하겠노라."

쿠푸왕은 건축가 헤미우누를 총책임자로 세웠다. 헤미우누는 쿠푸왕의 친척으로 건축 감각이 뛰어났다. 파라오 궁전을 지을 때도 큰 역할을 한 경험이 있었다. 게다가 스네푸르왕의 피라미드 건설 책임을 맡았던 임호테프의 제자였다. 쿠푸왕은 헤미우누가 믿음직했다. 헤미우누는 그런 쿠푸왕의 기대만큼 완벽한 계획을 세웠다.

"기자 평야에 단단한 암석층이 넓게 펼쳐져 있으니 그 위에 피라미드를 세우는 게 좋겠습니다."

"오오, 좋은 생각이군. 기반이 튼튼하니 잘만 짓는다면 몇천 년이 가도 끄떡없겠어."

쿠푸왕은 무척이나 만족스러웠다. 하지만 마음 한편에서 사라지지 않는 걱정이 있었다.

"혹시 도굴꾼이 들어오지는 않겠소?"

"걱정하지 마십시오. 지금껏 보지 못한 가장 튼튼하고 큰 피라미드를 만들 것입니다. 도굴꾼은 감히 접근하지 못할 것입니다."

헤미우누는 왕을 안심시켰다. 누구보다 잘 해낼 자신이 있었다. 준비도 철저히 해 두었다. 피라미드를 지으려면 큰돈이 필요했고, 비용을 어떻게 마련할지 신하들과 미리 상의도 했다.

헤미우누가 계획한 완벽한 피라미드를 지으려면 이집트 재산의 상당 부분을 써야 했다. 하지만 걱정 없었다. 나일강 삼각주는 기름져서 해마다 풍년이 들기 때문에 세금을 조금 더 걷으면 되었다. 한 해에 많은 세금을 걷는 게 아니라 피라미드를 짓는 20여 년 동안 조금씩 나누어서 부과하면 큰 부담은 없을 것 같았다. 사실 스네푸르왕의 피라미드 건축비를 약간 넘는 정도였다.

쿠푸왕도 처음에는 건축비 때문에 고민했다. 좋은 왕이었던 아버지 스네푸르왕의 모습을 보고 자란 쿠푸왕은 어떻게든 백성들을 편안하게 하고 싶었다. 더구나 자신의 피라미드 때문에 백성을 힘들게 하고 싶지 않았다. 그러나 세금을 매해 조금씩 나누어 걷겠다는 헤미우누의 생각에 쿠푸왕도 안심했다.

"알겠소. 열심히 해 주시오."

쿠푸왕은 전적으로 헤미우누를 믿었다. 물론 쿠푸왕도 학식이 높았다. 수학과 천문학을 공부해 둔 터였다. 그래야 피라미드를 건설할 때 잘못을 바로잡을 수 있기 때문이었다. 피라미드는 단 한 뼘도 계산된 것과 달라서는 안 되었다. 말 그대로 완벽하게 만들어야 했다.

헤미우누의 지휘로 공사가 시작되었다.

"위대하신 파라오의 피라미드를 짓는데 우리가 도와야지."

많은 기술자와 백성들이 모여들었다. 나일강이 범람하는 시기에는 농사일을 할 수 없었기 때문에 농민들도 공사에 참여했다. 이들은 파라오를 위한 일은 곧 신을 위한 일이라고 여겼다.

헤미우누는 공사장에 서서 다시 한번 꼼꼼하게 살폈다.

"피라미드의 네 밑변을 정확하게 동서남북 방향에 일치하게 짓는 거야. 그러면 피라미드는 떠오르는 태양과 지는 태양을 모두 바라볼 수 있지. 파라오는 곧 태양이니 그렇게 하는 게 마땅해."

설계도와 공사 현장의 상황이 정확하게 맞아떨어졌다. 이제 필요한 건 피라미드를 쌓을 크고 무거운 돌이었다. 다행히 기자 평원 근처에 채석장이 있어서 석회암과 화강암을 얻을 수 있었다. 돌에 구멍을 내 나무를 박고 물을 부어 돌을 잘라 냈다. 하지만 운반하는 일이 쉽지 않았다. 그래서 헤미우누는 물을 이용하기로 했다.

"인공 수로를 만들어라."

헤미우누의 명령에 일꾼들은 일제히 땅을 파기 시작했다. 수로는 나일강에서부터 피라미드를 세울 기자 평원까지 이어졌다. 막았던 물길을 트자 인공 수로에 물이 흘러 넘실거렸다.

"우아, 우리가 강을 만들었다!"

일꾼들은 자신들이 만든 강을 신기하게 바라보았다. 곧 커다란 나

무배를 띄웠다. 일꾼 수천 명이 거대한 돌을 배에 실어 날랐다. 수로로 나르니 훨씬 쉽고 빠르게 나를 수 있었다.

"굴림대를 깔아라!"

배에서 내려진 돌은 연이어 깔아 놓은 둥근 통나무 위에 올려 운반했다. 꿈쩍도 하지 않을 것 같던 거대한 돌들이 조금씩 움직이기 시작했다. 돌을 배에서 내리고 끌어서 한 단 한 단 쌓는 광경은 장관이었다. 당연히 도르래와 지렛대도 사용되었다. 비탈길을 쌓아 점점 높아지는 건축물 위까지 돌을 옮겼다.

헤미우누는 내부도 꼼꼼하게 설계했다. 긴 터널을 만들고 왕과 왕

비의 방을 꾸몄다. 내려가고 올라가는 통로, 수평 통로, 환기통까지 만들었다.

커다란 돌들은 틈새 하나 없이 착착 쌓이고 있었다. 쿠푸왕은 자신의 피라미드가 나날이 올라가는 것을 흐뭇하게 바라보았다.

"다 지으면 높이가 147미터쯤 될 것입니다. 약 2.5톤 무게의 돌이 230만 개쯤 들어가지요."

헤미우누는 자랑스럽게 말했다.

쿠푸왕은 완성될 피라미드를 상상해 보았다. 산처럼 높고 웅장한 모습이 눈앞에 아른거렸다.

쿠푸왕의 피라미드는 공사를 시작한 지 20여 년 만에 완공되었다. 하지만 안타깝게도 헤미우누가 세상을 떠난 뒤였다. 쿠푸왕은 금빛 옷을 입고 피라미드 앞에 섰다.

"오, 멋지구나."

쿠푸왕은 자신이 묻힐 무덤을 흐뭇하게 바라보았다.

수천 년 전의 비밀을 간직한
거대 유적

　생명의 젖줄 나일강이 있는 이집트는 세계 4대 문명의 발상지 중 하나야. 고대 이집트는 고왕국, 중왕국, 신왕국 시대에 큰 발전을 이루었어. 쿠푸왕은 그중에서도 고왕국 시대의 왕이었어.

　고대 이집트는 지금도 상상할 수 없는 놀라운 문명을 이루었단다. 나일강의 범람으로 측량술이 자연스럽게 발전했지. 나일강가에 자라는 파피루스 풀로 지금의 종이와 비슷한 파피루스를 만들어 문자를 남길 정도였어. 수학이 발달하였고, 지금 우리가 쓰고 있는 태양력을 만들었지. 또 미라를 만들며 의학도 발전시켰단다.

　이집트 문명의 유산 중에서도 피라미드는 신비하기 그지없어. 이집트에는 4,000년 이상 된 피라미드들이 남아 있단다. 140여 개가 세워졌을 거라 추정되는데 남아 있는 것은 80여 개야.

　피라미드 하면 대부분 기자에 있는 대피라미드를 떠올려. 대피라미드는 쿠푸왕의 피라미드를 말해. 남아 있는 피라미드 가운데 가장 크기 때문에 이렇게 불러. 대피라미드는 기원전 2560년 무렵에 세워졌어. 단군왕검이 아사달에서 고조선을 세운 해가 기원전 2333년이라는 걸 생각해 보면 아주 까마득하지? 그만큼 피라미드가 오래된 건축물이라는 것을 알 수 있어.

오래전 사막에 살았던 유목민들은 거대한 구조물인 피라미드를 보았을 거야. 하지만 마치 산 아래를 지나듯 무심히 스쳐 지나갔겠지. 양 떼를 몰고 낙타를 키우는 일이 더 급했을 테니까. 몇몇 호기심 많은 사람은 가까이 다가가 보기도 했겠지만 그러다 뭔지 모를 두려움에 뒤로 물러났을지도 몰라.

하지만 사람들은 점차 이 거대한 구조물에 관심을 가지기 시작했어. 도대체 이처럼 거대한 피라미드는 왜 지었을까? 그건 이집트 신화 오시리스와 관련이 있어. 왕이었던 오시리스는 죽음에서 살아나 저승을 다스리는 신이 되었거든. 이집트 사람들은 왕이 죽으면 자신들을 지켜 줄 신, 즉 오시리스가 된다고 생각했어. 그래서 왕이 죽으면 미라로 만들었고 미라를 보관할 신성한 장소를 건설했어. 피라미드는 왕의 무덤이면서 신의 집이었던 것이지.

역사학자들이 추측하는 다른 이유도 있어. 바로 나일강 때문이야. 해마다 나일강에는 홍수가 일어났어. 홍수 때문에 식량이 없어 많은 사람이 힘들었지. 왕인 파라오는 백성들을 굶기지 않으려고 피라미드 공사를 했다고 해. 일한 만큼 품삯을 주어 일꾼과 가족들이 굶지 않도록 했던 것이지. 파라오는 자신의 무덤을 짓고, 백성들은 식량을 얻을

이집트 신화에서 죽은 사람의 죄를 심판한다는 저승의 신 오시리스

수 있었으니 꿩 먹고 알 먹는 사업이었던 거야. 대신 홍수가 그친 후에는 백성들을 집으로 돌려보내 농사를 짓게 했대. 나일강이 주변 땅으로 흘러넘치면서 쌓인 퇴적물이 땅을 기름지게 해 농사를 잘되게 해 주었다고 해.

하지만 일반 백성이나 임금 노동자들이 공사에 스스로 참여한 게 아니라는 주장도 있어. 노예들이나 죄수들이 강제로 동원되었을 거라는 것이지. 노동 환경도 열악했고, 노동자들이 인격적인 대접을 받지 못했다고도 해. 지금으로부터 4,000여 년 전의 일이니 어떤 주장이 정확한지는 누구도 알 수 없어. 확실한 것은 피라미드가 존재한다는 것과 아주

이집트 기자 지역의 스핑크스. 피라미드처럼 돌을 쌓아 만든 게 아니라 바위산을 통째로 조각한 것이다.

많은 사람들이 그 피라미드를 짓기 위해 땀을 흘렸을 거라는 거야.

쿠푸왕의 대피라미드는 일꾼 10만 명이 동원되었고, 완성까지는 20년 이상 걸렸을 것으로 추측한단다. 이에 대해서도 학자마다 조금씩 의견이 달라.

쿠푸왕의 대피라미드 가까이에는 그의 아들 카프레왕의 피라미드가 있어. 물론 쿠푸왕의 피라미드보다는 작지. 카프레왕의 피라미드 근처에는 거대한 스핑크스가 있어. 스핑크스는 얼굴은 사람, 몸은 사자 형상을 하고 있지. 얼굴은 파라오의 모습이래. 피라미드를 지키고 있는 스핑크스는 아침 해가 솟아오르는 곳을 바라보고 있단다. 이렇게 스핑크스가 지키고 있었지만 피라미드는 안전하지 못했어. 진귀하고 값진 부장품들이 도굴꾼들의 손에 들어가고 말았지.

　여러 탐험가와 학자들에 의해 피라미드의 많은 비밀이 드러났어. 그런데도 피라미드는 끊임없이 사람들의 호기심을 자극하고 있어. 현대에는 첨단 기술을 동원한 연구가 계속되고 있단다. 쿠푸왕의 피라미드 안에는 왕의 방, 왕비의 방, 대회랑 등이 있는데 최근에 그동안 알지 못했던 새로운 공간을 찾아냈다고 해. 피라미드 안에 또 무엇이 숨겨져 있을까? 우리가 다 알지 못해서 피라미드는 더 신비로운 것 같아.

　기자 지역의 대피라미드를 비롯해 이집트 고왕국의 수도 멤피스 근처에 흩어져 있는 바위 무덤, 사원, 피라미드 등은 '멤피스와 네크로폴리스'라는 이름으로 1979년 유네스코 세계 문화유산에 등재되었단다.

남아프리카공화국

　　남아프리카 공화국 케이프타운 근처에 있는 로벤섬은 한때 죄수들의 수용소였어. 넬슨 만델라가 정치범으로 이 섬에 오랫동안 갇혀 있었지. 수많은 정치범과 함께 말이야. 남아프리카 공화국에 무슨 일이 있었기에 만델라는 정치범이 되었을까? 로벤섬은 또 어떤 곳일까?

로벤섬에 있는 로벤 빌딩. 로벤섬은 케이프타운에서 약 12킬로미터 떨어져 있다.

넬슨 만델라가 갇혀 있던 로벤섬

　만델라는 로벤섬에 도착했다. 푸른 파도가 넘실거렸다. 육지에 우뚝 솟은 테이블산이 손에 잡힐 듯 가까워 보였다. 풍경은 평화로웠지만 실상은 한번 들어오면 죽어서야 나갈 수 있다는 감옥에 온 것이었다. 하지만 만델라는 겁나지 않았다. 극단적인 인종 분리 정책인 아파르트헤이트에 저항해 '아프리카 민족 회의' 활동을 한 것은 분명 옳은 일이었다.

　남아프리카 공화국의 공용어인 아프리칸스어로 '분리, 격리'라는 뜻의 아파르트헤이트는 백인이 아닌 자들을 분리하고 격리한다는 정책이었다. 이 정책에 따라 남아프리카 공화국 사람들은 주민증을 백인과 흑인, 혼혈로 구분해서 등록했다. 흑인은 백인과 결혼할 수 없었고, 백인과 같은 지역에 사는 것도, 해변 산책을 같이 하는 것도 금지되었다. 버스를 탈 때도, 학교에 다니는 것도, 심지어 공원 의자에 앉는 것까지 백인과 흑인이 분리되었다. 흑인은 통행증 없이는 거리에 다닐 수도 없었다. 직업 선택과 토지 소유에도 제한이 있었다. 남아프리카 공화국 인구의 약 80퍼센트가 흑인임에도 소수의 백인이 다수인 흑인을 핍박했다.

아프리카 흑인들의 권리를 위해 결성된 '아프리카 민족 회의'는 인종

차별 문제를 평화적으로 해결하고 싶었다. 하지만 정부는 폭력을 행사하며 체포하거나 외출 금지령을 내려 이들을 막았다. 만델라는 더는 비폭력 시위를 계속할 수 없다고 판단하고 무장 투쟁에 나섰다. 무장한 만델라는 남아프리카의 여러 도시를 다니며 투쟁에 앞장서다 경찰에 잡히고 말았다.

재판에서 종신형을 선고받은 만델라의 죄수 번호는 466/64였다. 로벤섬 감옥에 들어온 466번째 죄수로 1964년에 갇혔다는 뜻이었다.

"면회와 편지는 6개월에 딱 한 번만 가능하다. 죄수들은 우리 말에 절대복종해야 한다."

교도관들의 눈빛은 흑인에 대한 멸시로 가득했다. 특히 만델라에 대해서는 감시의 눈초리가 매서웠다. 만델라는 겨우 옥수수죽 한 그릇을 먹고 동료들과 채석장에서 자갈을 깼다. 손에 상처가 나고 피가 흘렀다. 강한 햇빛에 눈이 아팠다. 그래도 참고 견뎠다.

교도관들은 흑인 죄수들을 조롱하며 짧은 반바지를 입게 했다. 백인 죄수를 대하는 태도와는 달라도 너무 달랐다. 만델라는 사회 전반에 뿌리 박혀 있는 인종 차별에 대해 다시 한번 몸서리를 쳤다. 만델라는 감옥에서도 앞장서서 차별에 대해 항의했다. 그러다 발도 제대로 뻗을 수 없는 좁은 독방에 갇히기도 했다. 그러나 만델라의 생각까지 가둘 수는 없었다. 좁은 방에서 몸을 구부리고 누울 때마다 새록새록 어린 시절이 떠올랐다.

만델라는 남아프리카 연방(남아프리카 공화국의 전 이름) 여러 부족 중 템부족으로 태어났다. 아버지가 병을 얻어 일찍 돌아가시자 족장 욘긴타바의 돌봄을 받았다. 만델라는 욘긴타바가 족장으로서 부족을 지혜롭게 잘 이끄는 모습을 보며 자랐다. 욘긴타바는 핍박받는 아프리카 사람들의 역사에 대해서도 알려 주었다. 만델라는 이런 영향으로 어릴 때부터 법에 대해 관심이 많았고 변호사가 될 수 있었다. 또 아프리카 민담을 자주 들려주었던 어머니 덕분에 너그러운 마음을 가질 수 있었다.

"어머니, 어머니의 가르침을 절대 잊지 않겠습니다."

만델라는 깊이 다짐하며 힘을 냈다.

감옥 생활은 무기력증에 빠지기 쉬웠다. 이를 피하기 위해 만델라는 할 수 있는 노력을 다했다.

"그래, 채소밭을 만들면 좋겠어."

만델라는 틈틈이 밭을 만들었다. 씨앗이나 모종을 구해 심어 정성껏 가꾸었다. 식물이 자라는 모습을 보며 기쁨을 얻었다. 정성껏 가꾸면 언젠가 열매로 보답하는 삶의 진실을 깨닫기도 했다. 가꾸던 모종이 시들시들 죽고 말았을 때는 그 모종을 밭 한 귀퉁이에 묻어 주기도 했다. 만델라는 식물도 한 생명이라는 생각에 안타까워했다.

　만델라는 몸이 약해지면 마음도 덩달아 약해진다는 것을 잘 알았다. 그는 젊은 시절 복싱을 즐겨했다. 그래서 감옥에서도 복싱하기 전 했던 준비 운동을 떠올리며 꾸준히 운동했다. 제자리 뛰기, 팔 굽혀 펴기, 윗몸 일으키기 등은 좁은 감방 안에서도 할 수 있었다. 복싱 자세를 취하며 주먹을 뻗기도 했다. 그런 만델라를 보며 기운을 낸 동료들도 함께 체력을 길렀다. 이렇게 만델라는 감옥 안에서도 지도자의 역할을 하며 동료 죄수들에게 희망을 나누었다.

　만델라는 자신을 잡아 온 자들에게 복수심을 품지 않았다. 오히려 그들을 용서하려고 애썼다. 감옥 생활은 스스로를 돌아볼 좋은 기회라고 생각했다. 오히려 바깥세상에서 가질 수 없는 소중한 시간이었다. 그래선지 만델라는 로벤섬 감옥 생활을 '대학'이라고 표현했다. 그만큼 배운 게 많다는 뜻이었다. 그곳에서 백인 교도관들과 통치자들을 어떻게 대해야 하는지도 연구했다. 덕분에 가혹했던 교도관들도 점점 만델라에게 호의적으로 바뀌었다.

　만델라는 로벤섬에 18년간이나 갇혀 있었다. 감옥에서 온전히 벗어난 것은 27년 만이었다. 이후 만델라는 아파르트헤이트를 폐지한 공로로 1993년 노벨 평화상을 받았다. 인종 차별 정책 철폐를 받아들인 프레데리크 빌렘 데클레르크 남아프리카 공화국 대통령과 공동 수상이었다. 다음 해 열린 총선거에서 만델라는 당당하게 대통령으로 선출되었다. 자유와 평화가 승리한 커다란 성과였다.

그렇게 오랫동안 핍박을 받았음에도 만델라는 보복 정치를 원하지 않았다. 부통령으로 백인을 선택하는 등 용서와 화해의 정치를 펼쳤다. 대통령 임기를 마친 만델라는 남아프리카 공화국과 세계 평화에 힘쓰다 2013년 95세의 나이로 세상을 떠났다.

로벤섬에 있던 감옥은 이제 박물관으로 바뀌어 사람들에게 어두웠던 역사를 생생하게 보여 주고 있다. 넬슨 만델라가 갇혀 있던 감옥의 5번 방은 지금도 그 숫자가 희미하게 보존되어 있다. 그 작은 방에 넬슨 만델라가 쓰던 담요, 식기, 변기통인 양철통 하나가 놓여 있다.

자유와 인권의 의미를 되새기게 해 주는 작은 섬

    남아프리카 공화국은 아프리카 대륙 맨 아래쪽에 있어. 공화국 의회가 있는 케이프타운 또한 남아프리카 공화국의 맨 아래쪽이야. 케이프타운에서 약 12킬로미터 떨어진 바다에 조그마한 로벤섬이 있지. 로벤은 네덜란드어로 '물개'라는 뜻이야.

    케이프타운에서 그리 멀지 않은 곳에는 희망봉이 있단다. 희망봉은 바다로 툭 튀어나온 곳이야. 1488년 포르투갈의 바르톨로뮤 디아스라는 사람이 발견했지. 당시 유럽 사람들은 범선을 끌고 인도로 가서 향신료를 싣고 왔어. 험난한 파도와 싸우며 이곳을 지나갈 때 선원들은 희망봉을 바라보며 집으로 무사히 돌아가기를 기원했대.

    희망봉의 발견은 유럽 사람들을 아프리카로 진출하게 만든 계기가 되었어. 17세기 중반 네덜란드 사람들이 케이프타운에 들어왔지. 이때 자신들의 정책에 반대하는 정치범들을 가두려고 로벤섬에 감옥을 만들었단다. 로벤섬은 육지에서 그리 멀지는 않지만 파도와 풍랑이 거세어 접근하기가 쉽지 않은 곳이었어. 섬 주변으로 남극에서 흘러온

벵겔라 해류를 따라 무시무시한 상어 떼도 몰려들었지. 죄수들이 한 번 들어오면 절대로 도망칠 수 없는 혹독한 섬이었으니 감옥으로 안성맞춤이었던 거야. 19세기 초에는 영국이 네덜란드를 물리치고 들어왔어. 영국인들도 마찬가지로 정치범들을 로벤섬에 가두었단다.

1910년 남아프리카 연방 정부가 생겼는데 이 정부를 이끄는 사람들은 모두 백인이었어. 백인 정부는 흑인을 차별했어. 원래 주인을 몰아내고 힘을 가진 자들이 주인 행세를 한 격이지. 만델라와 같은 사람들이 흑인 인권을 외치며 투쟁하게 된 까닭이란다. 자유를 갈망하는 사람들의 희생으로 지금은 흑인과 백인이 똑같은 인권을 누릴 수 있는 법이 제정되었어.

사람들은 만델라와 그가 추구한 자유를 숭고하게 생각했어. 그래서 그 정신을 기리기 위해 〈만델라〉라는 오페라, 〈아일랜드〉라는 연극 등이 만들어졌어. 〈아일랜드〉는 남아프리카 공화국 출신 극작가 아돌 푸가드의 작품으로 무대가 바로 로벤섬 감옥이야. 공정하지 못한 잣대로 로벤섬 감옥에 갇힌 사람들의 이야기지. 이 연극은 우리나라에도 알려졌어. 우리가 일본의 억압 아래 있었던 일제 강점기 상황과 비슷한 이야기야. 그래서 일제 강점기 때 하시마섬 탄광으로 끌려간 조선의 청년 이야기로 각색되어 무대에 올려졌단다.

또 만델라를 모델로 삼은 《우리가 꿈꾸는 기적: 인빅터스》라는 책도 출간되었어. 남아프리카 공화국 국가 대표 럭비 선수들은 대부분

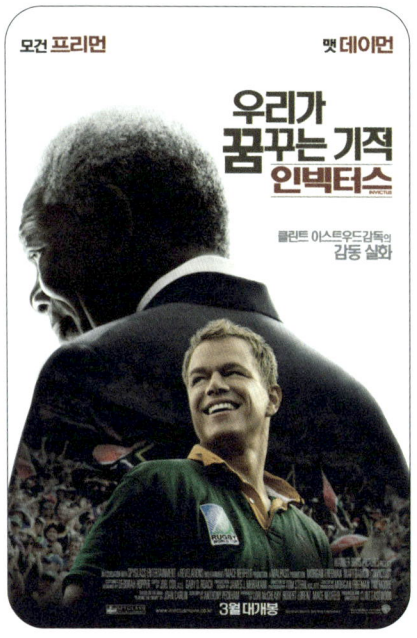

넬슨 만델라를 모델로 삼은 책 《우리가 꿈꾸는 기적: 인빅터스》를 바탕으로 같은 제목의 영화도 만들어졌다.

백인이었어. 만델라는 경기 전에 국가 대표 주장을 불러 격려했지. 또 럭비 월드컵에서 우승했을 때 만델라는 트로피를 들고 운동장으로 내려가 기뻐했어. 많은 백인은 이 모습에서 만델라가 결코 백인들을 탄압하지 않을 것이라고 확신했지. 실화를 바탕으로 한 이 책은 영화로도 만들어졌단다.

    자유를 쟁취하고 위대한 화해 정치를 편 만델라 덕분에 로벤섬은 더 많은 의미와 이야깃거리가 생겨났어. 로벤섬 선착장에 내리면 로벤섬의 상징처럼 "자유는 족쇄를 채울 수 없다."라는 구호가 먼저 눈에 띈단다. 넬슨 만델라와 아프리카 민족 회의의 역사를 압축해 놓은 3R 즉, 억압(Repression), 해방(Release), 부활(Resurrection)이라는 세 단어도 볼 수 있어. 넬슨 만델라의 삶과 더불어 로벤섬에 대해 요약해서 이야기하라면 이 세 단어로 나타낼 수 있을 거야.

    로벤섬에는 아름다운 궁전이 있는 것도 아니고, 역사 깊은 사원이 있는 것도 아니야. 그런데도 이곳에 오면 생각이 깊어지고 많은 감동을 받게 돼. 그것은 만델라와 흑인들의 끈질긴 희망이 열매를 맺은 곳이기 때문이야. 넬슨 만델라와 로벤섬은 우리에게 자유와 인권이 얼마나 소중한지 알려 준단다. 자유를 위한 투쟁은 위대하며, 자유는 거저 얻어지는 것이 아니라 누군가의 희생 덕분이라는 사실 말이야. 자유와 인권을 상징하는 로벤섬은 1999년 유네스코 세계 문화유산으로 등재되었단다.

그런데 이제 남아프리카 공화국의 흑인들이 온전히 차별에서 벗어났을까? 안타깝게도 아니야. 법적으로는 문제가 없지만 현실적으로는 그렇지 않대. 여전히 백인들은 백인들끼리 모여 살고, 흑인들은 흑인들끼리 모여 살고 있다는 거야. 빈부 격차를 줄일 수 없으니 어쩔 수 없는 일일 수도 있지. 얼마나 지나야 남아프리카 공화국의 인종 차별 문제가 완전히 해결될 수 있을까? 언제인지는 모르겠지만 반드시 이루어질 거야. 왜냐하면 넬슨 만델라의 정신은 여전히 이어지고 있으니까 말이야.

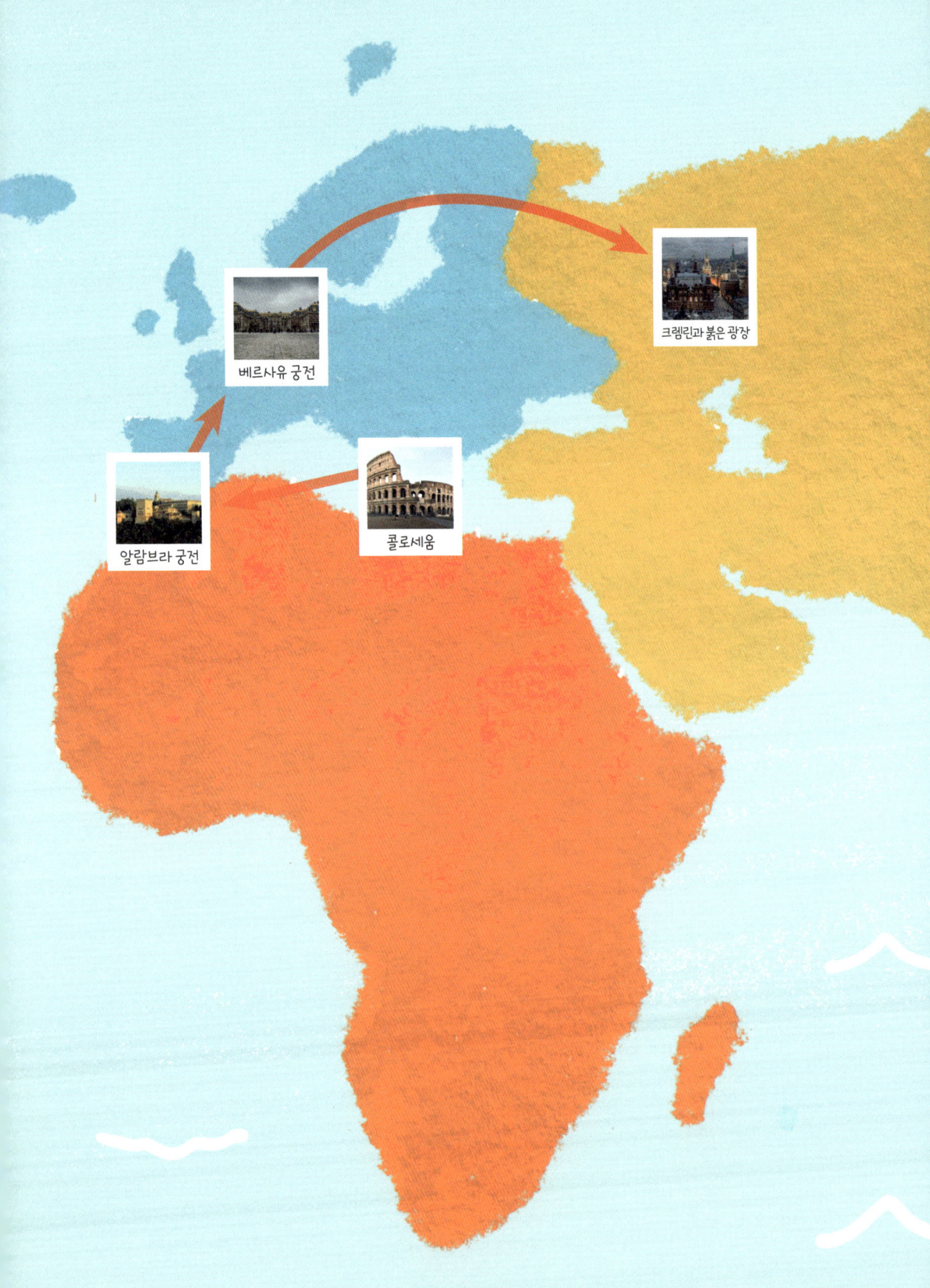

3장 유럽

이탈리아 – 로마인의 함성이 가득했던 원형 경기장 콜로세움

에스파냐 – 보압딜왕의 눈물이 어려 있는 알람브라 궁전

프랑스 – 태양왕의 권위만큼 화려한 베르사유 궁전

러시아 – 러시아의 역사가 살아 있는 크렘린과 붉은 광장

이탈리아

　2,000여 년 전 로마의 콜로세움에서는 우레와 같은 함성이 들려왔어. 그것도 100일 동안이나 말이야. 콜로세움에는 왕과 수만 명의 군중이 모여 있었어. 도대체 콜로세움은 무엇을 하는 곳이었을까? 또 이곳에서 무슨 일이 있었던 걸까?

지금도 군중의 함성이 들릴 것만 같은 로마의 콜로세움.
정식 명칭은 '플라비우스 원형 경기장'이다.

[로마인의 함성이 가득했던 원형 경기장 콜로세움]

티투스 황제는 목이 탔다.

'황제가 되면 뭐든 마음대로 할 수 있을 줄 알았는데…….'

포도주 잔을 기울여 목을 적셨지만 갈증은 여전했다. 팔라티노 언덕에 있는 황궁에서 내려다보이는 로마 중심 거리 포로 로마노는 평화롭기만 했다.

"걱정이 이만저만이 아닙니다. 아버지!"

티투스 황제는 돌아가신 아버지 베스파시아누스 황제를 불러 보았다. 손을 이마에 짚으며 티투스 황제는 눈을 감았다. 승승장구했던 자신의 모습이 떠올랐다. 오래전 유대 전쟁을 지휘해 예루살렘을 점령하고 많은 전리품을 가져왔다. 기뻐하며 맞아 준 로마 시민들의 환호가 아직도 귀에 쟁쟁했다. 로마로 돌아와서는 황실 근위대를 지휘했다.

거칠 것 없는 삶이었는데 왕위에 오르고 1년 동안 큰 사건들이 황제의 권위를 흔들어 놓았다. 베수비오 화산이 폭발해 대도시 폼페이가 화산재에 파묻혀 버렸고, 로마에 큰불이 나서 신전 등 많은 건물이 타 버렸다. 거기에 사랑하는 베레니스 공주도 걱정이었다.

시민들의 불만은 커져만 가고 있었다. 시민들은 나라에 재난이 계속되는 것은 황제가 정치를 잘못하고 있는 증거라고 생각했다. 반란군 유대 왕 아그리파 2세의 딸 베레니스를 감싸고도는 것도 싫어했다. 베레니스는 원로원에서도 못마땅하게 여겼다. 그러다 보니 티투스 황제는 자꾸 한숨만 쉬게 되었다.

그러던 어느 날, 티베리우스 장군이 찾아왔다. 유대 전쟁을 함께 치러 냈기에 티투스 황제는 장군을 믿고 의지했다.

"폐하, 플라비우스 원형 경기장이 곧 완공될 것 같습니다."

"그래, 내 그 사실을 잠시 잊고 있었군."

티투스 황제는 고개를 끄덕였다. 플라비우스 원형

경기장은 선왕 베스파시아누스 황제가 짓기 시작한 것을 티투스 황제가 이어 짓는 것이었다. 티투스 황제는 얼굴을 찡그렸다. 고민이 많아

마냥 기뻐 할 수만은 없다는 게 안타까웠다. 그러다 뭔가 떠오른 듯 무릎을 쳤다.

"그래! 사람들을 하루 이틀이 아니라 한 달, 아니 100일 동안 열광하게 만드는 거야."

"예? 무슨 말씀이신지요?"

영문을 모르는 티베리우스 장군이 물었다.

"이 기회에 시민들의 불만을 잠재우고 관심을 다른 곳으로 돌리는 큰 축제를 열어야겠어. 장군이 말하지 않았는가. 경기장이 곧 완성된다고 말이야."

"폐하, 정말 멋진 생각이십니다. 우울해하던 시민들도 두 손을 들고 환영할 것입니다."

"플라비우스 원형 경기장이 나를 살리는구나. 하하하."

티투스 황제는 오랜만에 호탕하게 웃었다.

곧 공공장소에 공고문이 붙었다. 플라비우스 원형 경기장의 개장을 축하하고, 어려움을 겪고 있는 로마 시민들을 위로하기 위해 티투스 황제가 대규모 축제를 연다는 내용이었다.

"흠, 모처럼 황제가 제대로 일을 하는군."

시민들은 공고문 앞에 서서 기뻐하며 기대했다.

드디어 경기장을 개장하는 날이 되었다. 시민들은 흥분을 감추지 못한 채 경기장으로 모여들었다. 그리고 이제껏 보지 못한 어마어마한 크기에 입을 다물지 못했다. 경기에 앞서 경기장의 위용이 시민들의 혼을 쏙 빼 놓았다. 입장객들은 76개의 출입구 중 자신의 출입구 번호가 쓰인 입장권을 들고 경기장으로 들어갔다. 혼란 없이 수만 명이 자리를 채웠다. 황제의 자리는 모두의 눈에 잘 띄는 곳에 있었다. 시민들은 성대한 축제를 열어 준 황제를 향해 경의를 표했다.

검투 경기는 가장 인기가 높았다. 뜨거운 태양 아래서도 수만 군중은 숨을 죽이며 검투사의 등장을 기다렸다. 황제가 신호를 보내자 두 검투사가 모습을 드러냈다. 일제히 환호가 쏟아졌다. 검투사들이 아슬아슬하게 칼날을 피할 때마다 군중은 신음을 냈다. 치열한 싸움은 오랫동안 마음을 졸이게 했다. 하지만 또 눈 깜짝할 사이에 승자와 패자가 결정되기도 했다. 검투 경기에서 패한 사람의 목숨은 군중과 황제의 손에 달려 있었다. 군중이 죽이라며 소리치거나 살리라고 소리치면 황제는 그것을 듣고 어떻게 할지 결정했다. 황제의 오른손 엄지가 위로 가면 살고, 아래로 가면 죽게 되었다.

맹수 사냥도 열렸는데 경기장에 맹수를 풀어 놓고 사냥을 하는 것이었다. 짐승들은 맹렬하게 사냥꾼들에게 달려들었다. 사냥꾼들은 짐승들의 날카로운 발톱과 이빨을 피해 칼을 휘둘렀다. 모두 손에 땀을 쥐게 하는 잔인한 싸움을 즐겼다. 경기자의 목숨을 걸고 하는 경기가 오늘날의 시각에서는 잔인하게 느껴지지만 당시 사람들은 이런 경기를 일종의 스포츠로 여겼다.

축제 중 가장 놀라운 장면은 모의 해상 전투인 '나우마키아'였다. 경기장에 물을 채우고 배를 띄워 싸움을 벌이는 모의 해상 전투는 전쟁 승리를 기념하기 위해 강이나 호수에서 열리던 행사였다. 범죄자나 노예들을 배에 타게 하고 한편이 상대편의 마지막 한 명까지 해치우는 피로 얼룩진 싸움이었다. 붉은 피를 보며 흥분한 군중은 함성을 질러 댔다.

축제가 열리는 동안 동물들은 수천 마리가 넘게 죽었고, 많은 검투사들도 목숨을 잃었다. 성공적인 축제의 대가로 티투스 황제는 시민들에게 점수를 많이 얻었다. 하지만 베레니스 공주는 끝내 이스라엘로 돌아가고 말았다. 시민들이 용납해 주지 않아서였다. 티투스 황제는 왕위에 오른 지 겨우 2년 만인 81년 9월에 병을 얻어 세상을 떠났다.

곧 티투스 황제의 동생 도미티아누스가 황제에 올랐다. 도미티아누스는 아버지와 형의 뒤를 이어 시민들의 마음을 얻고 자신의 권위를 맘껏 드러내고 싶었다. 그래서 플라비우스 원형 경기장을 좀 더 보완하기로 했다. 지하 시설을 새롭게 만들고 3층이던 경기장을 4층까지 올렸다. 완벽해진 경기장에서는 피의 경기가 이어졌고, 로마 시민들의 열렬한 함성도 계속되었다.

고대 로마의
놀라운 기술을 보여 주는 건축물

예로부터 사람들은 구경하는 것을 좋아했나 봐. 오늘날에도 대형 스포츠 경기장들이 지어지고 수만 명의 인파가 몰려들어 환호하잖아. 각자 좋아하는 팀을 목이 터져라 응원도 하지. 다른 편을 응원하는 사람과는 다투기까지 하면서 말이야.

2,000년 전 로마의 콜로세움에서도 검투사들의 대결이 열렸어. 그때도 각자 좋아하는 사람을 정해 응원했을 거야. 지금의 스포츠는 규칙을 정하고 스포츠 정신을 내세워 정당하게 대결하지만 그때는 강자만이 살아남을 수 있는 잔인한 싸움이었지.

콜로세움의 처음 이름은 플라비우스 가문의 원형 경기장이란 뜻으로 '암피테아트룸 플라비움'이었어. 그런데 8세기에 영국인 비드가 《영국민의 교회사》라는 책에 '콜로세움'이라 기록하면서 콜로세움이라 불리게 되었대. '거대하다'라는 라틴어 '콜로수스'에서 유래되었다고 해.

콜로세움은 플라비우스 가문인 베스파시아누스 황제가 건축하기 시작했어. 당시 로마의 황제는 원로원 출신이었지만 베스파시아누스는 평민 출신이었어. 그래서 백성들의 지지가 더 필요했지. 베스파시아누스는 원형 경기장을 지어 백성들을 기쁘게 하고 자주 백성들과 만나겠다고 다짐했어.

72년 베스파시아누스는 자살한 네로 황제의 호화로운 궁궐 자리에 원형 경기장을 짓기 시작했어. 하지만 완공된 모습을 보지 못하고 세

상을 떠났고, 80년 그의 아들 티투스 황제가 완공시켰어. 티투스 황제는 예루살렘을 정복하며 얻은 약탈물과 수만 명이나 되는 유대인 노예들을 활용했대. 결국 유대인들의 피와 땀이 이 유적을 남기게 되었다고 볼 수 있지.

　콜로세움의 크기는 최대 지름 188미터, 최소 지름 156미터야. 둘레 527미터에, 높이는 48미터이지. 기둥의 양식을 보면 1층은 파르

콜로세움 내부의 모습
© Paolo Costa Baldi, 라이센스 : GFDL / CC-BY-SA 3.0

테논 신전과 같은 간소하고 남성적인 도리아식으로, 2층은 우아하고 여성적인 이오니아식으로 지었어. 3층과 4층은 장식이 화려한 코린트식으로 지었지. 기둥의 모양이 층마다 달랐다는 뜻이야.

콜로세움의 계단은 크기와 넓이가 모두 같아. 이렇게 규격화된 재료로 건축한 것은 예전에 없던 방식이래. 콜로세움의 지하는 마치 미로처럼 기다란 터널과 복도로 되어 있었어. 지하에는 검투사의 방과 맹수들을 가둬 둔 방들이 있었지. 검투사와 맹수는 도르래와 승강기를 이용해서 관중들이 보이는 경기장까지 올라왔단다.

2,000여 년 전 지어진 경기장에 이런 시설이 있었다는 것은 믿기지 않는 일이야. 하지만 더 놀라운 것은 경기장에 물을 채워 모의 해상 전투를 했다는 점이야. 그 당시 이렇게 큰 경기장에 수도 시설까지 갖추고 있었다니 로마의 기술 앞에 할 말이 없어지고 만단다.

콜로세움에서 목숨을 걸고 싸워야 했던 검투사들은 대개 전쟁 포로와 노예들이었어. 이들은 원하지 않아도 죽을 때까지 싸워야 하는 운명이었지. 인권이라고는 눈곱만큼도 없는 좋지 못한 대우를 받았던 거야. 어쩌면 이들은 짐승이나 다름없었지. 그런 중에도 일부 검투사는 인기를 얻거나 드물게는 자유를 얻기도 했대. 하지만 대부분은 처절한 죽음을 맞이할 수밖에 없었단다.

티투스 황제는 이런 잔인한 경기장에서 백성들과 가까워지며 소통했어. 오직 자신의 인기를 위해 다른 사람의 생명을 희생시키면서 말이야. 권력의 맛을 보면 피를 보고도 죄의식을 못 느끼게 되는 것일까. 로마 황제들의 잔인한 모습은 콜로세움 역사를 통해 생생하게 알 수 있어. 검투사 경기는 404년에, 맹수 경기는 523년에 금지되었다고 해.

지금 콜로세움은 처음 지었을 때의 3분의 1밖에 남지 않았어. 거대한 뼈대만 남은 모습이지. 곳곳에 뚫린 구멍에는 청동 장식이 있었는데 누군가 훔쳐 갔대. 비록 폐허처럼 변했지만 콜로세움은 고대 로마의 건축 기술을 살펴볼 수 있는 살아 있는 역사의 현장이야. 아직도 콜로세움에 서면 피 흘리며 싸우는 검투사들의 기합 소리와 경기장이 떠나갈 듯 울리는 로마 사람들의 함성이 들릴 것만 같단다.

콜로세움은 판테온 신전, 성 베드로 대성당 등과 함께 1980년 유네스코 세계 문화유산 로마 역사 지구로 등재되었어.

에스파냐

알람브라 궁전은 에스파냐 안달루시아 지방의 그라나다에 있어. 이곳에 살았던 그라나다 왕국의 보압딜왕은 아름다운 알람브라 궁전을 무척 사랑했지. 하지만 슬피 울며 궁전을 떠나야 했단다. 궁전의 모든 것을 고스란히 두고서 말이야. 도대체 보압딜왕에게 무슨 일이 있었던 걸까?

국민 대부분이 가톨릭교를 믿는 에스파냐 있는 이슬람 궁전 알람브라

[보압딜왕의 눈물이 어려 있는 알람브라 궁전]

"눈이 부시구나."

보압딜왕은 메아수르궁 황금의 방 천장을 올려다보았다. 삼나무와 금으로 장식한 문양이 아름답게 빛났다. 보압딜왕은 눈을 감고 한동안 서 있었다. 중대한 결심을 해야 하는데 마음이 자꾸 흔들렸다.

보압딜왕은 곧 코마레스궁 안뜰에 있는 아라야네스 정원으로 나갔다. 눈 쌓인 시에라네바다산맥이 시원하게 다가왔다. 산맥 쪽에서 불어오는 차가운 바람이 뺨을 스쳤다. 연못 속에 비친 궁전 그림자가 바람결을 따라 신비롭게 흔들렸다.

"아, 이 모든 걸 두고 가야 한단 말인가."

보압딜왕은 레오네스궁으로 가서 이 방 저 방 거닐었다. 벽이며, 천장 장식이 반짝이는 별빛을 모아 놓은 것 같기도 하고, 하늘나라 꽃들이 가득 피어 있는 것 같기도 했다. 모든 게 아름다웠고, 어느 것 하나 아깝지 않은 것이 없었다. 조상의 손길이 어려 있는 귀한 궁전이었다.

보압딜왕은 비록 자신은 떠날지라도 궁전만큼은 지키고 싶었다. 이렇게 아름다운 궁전이 파괴된다는 것은 생각조차 하기 싫었다. 끝까지 적군에게 대항했다가 지기라도 하면 큰일이었다. 가톨릭을 믿는 적들이 이슬람 왕조의 궁전을 가만둘 리가 없었다.

"그래, 그 방법밖에 없어."

결심을 굳힌 보압딜왕은 아마레스궁 회의실로 걸음을 옮겼다. 대신들이 어두운 얼굴로 왕을 기다리고 있었다. 벌써 수개월째 카스티야와 아라곤 연합 왕국의 병사들이 그라나다성을 에워싸고 있었다. 성안에는 먹을 것이 바닥나고 말았다. 용감한 기병대도 힘을 잃었다. 굶주림을 못 견뎌서 타던 말조차 잡아먹을 정도였다.

"난 알람브라 궁전을 지키기 위해서 항복하기로 했소."

보압딜왕이 굳은 얼굴로 선언했다.

"항복이라니요? 항복은 안 됩니다."

군사 지휘관 무사가 소리쳤다. 무사는 얼마 전 병사를 이끌고 적진에 가서 먹을 것을 빼앗아 온 용맹한 사람이었다.

"그럼 어쩌란 말이오? 뾰족한 수라도 있으면 말해 보시오."

보압딜왕이 다그쳤다. 무사는 대답하지 못했다. 그라나다 왕국이 할 수 있는 일은 아무것도 없었다. 식량도 떨어졌고, 군사들의 사기도

시들해졌는데 적군은 너무나 강했다.

"내가 단순히 항복하겠다는 것은 아니오. 궁전과 백성들을 지켜 준다는 약속을 받아 낼 것이오."

보압딜왕이 얼굴을 누그러뜨리며 말했다.

"폐하의 뜻에 따르겠습니다. 이대로 버티다가는 모두 굶어 죽을 것입니다."

나이 든 대신이 입을 열었다.

"약속만 받아 낼 수 있다면 저도 찬성입니다."

다른 대신들도 뜻을 전했다.

"모두 같은 의견이니 협상 사절을 보내도록 하시오."

보압딜왕이 명령했다.

얼마 뒤 연합 왕국의 공동 왕 이사벨과 페르난도에게서 협상안이 도착했다. 모두 67개 조항으로 이루어진 것이었다. 보압딜왕은 대신들과 협상안을 자세히 살펴보았다.

"우리 뜻대로 모든 그라나다 백성들의 생명과 재산을 보호해 주겠다고 하오. 알람브라 궁전과 이슬람 사원을 허물지 않고 남은 이들에게 종교의 자유를 허락하겠다고 약속했소. 우리가 이슬람교를 계속 믿어도 된다는 말입니다. 또 우리 조상들의 고향 북아프리카로 떠난다면 갈 수 있도록 도와준다니, 이만하면 항복할 만하지 않소?"

보압딜왕이 대신들에게 물었다. 이미 힘을 잃은 대신들은 어쩔 수 없이 왕의 뜻에 따르기로 했다.

"그럼, 우리도 찬성한다는 뜻을 전해야겠소."

보압딜왕이 쓸쓸하게 웃었다. 하지만 금세 흐느끼기 시작했다.

"으흐흑, 250년 동안 지켜 온 우리 나스르 왕조가 이렇게 무너지는구나. 어떻게 알람브라 궁전을 떠난단 말이냐."

대신들도 따라 울었다. 회의실이 온통 울음바다가 되고 말았다. 그때 무사가 울분을 참지 못하고 나섰다.

"여러분! 적군은 약속을 어길 것입니다. 우리 집과 사원, 알람브라 궁전은 더럽혀질 거란 말입니다. 차라리 명예로운 죽음을 택합시다."

하지만 누구도 무사의 말을 듣지 않았다. 무사는 자리를 박차고 나가 홀로 적진으로 돌격했다. 그러나 큰 부상을 당하고 강물에 몸을 던지고 말았다.

결국 정식으로 협정이 이루어졌다.

"왕이 앞장서서 항복하다니!"

"분하다! 차라리 왕을 죽입시다!"

소식을 들은 그라나다 백성들이 여기저기서 외쳐 댔다. 생명의 위협을 느낀 보압딜왕은 약속보다 더 빨리 그라나다 왕국을 넘겨 버렸다. 그러고는 약속대로 궁전을 떠났다. 자신의 왕궁을 떠나는 발걸음은 무겁기만 했다.

"절대 뒤돌아보지 않을 것이다."

　보압딜왕은 마음을 다잡았지만 쉽지 않은 결심이었다. 결국 눈 쌓인 시에라네바다 중턱에서 고개를 돌리고 말았다. 마지막으로 알람브라 궁전을 봐야만 했다.

　"다시는 알람브라 궁전을 볼 수 없다니, 안타깝구나."

　보압딜왕은 목 놓아 울었다.

　"시끄럽다! 왕이 되어서 왕국을 지키지도 못하다니. 운다고 저 궁전이 돌아오겠느냐."

　옆에 있던 왕의 어머니가 화를 냈다. 어머니도 아들만큼이나 왕국을 빼앗긴 슬픔이 컸던 것이다.

　그 뒤, 보압딜왕은 모로코의 페스에서 쓸쓸하게 여생을 보냈다. 눈을 감을 때까지 알람브라 궁전을 잊지 못하고 그리워했다고 전해 온다.

멸망한 왕조가 남긴 아름다운 궁전

알람브라 궁전은 유럽에 있는 이슬람 건축물 중 가장 아름답다고 손꼽히는 곳이야. 에스파냐 남부 안달루시아 지방의 그라나다 고원에 자리 잡고 있어. 알람브라는 아랍어로 '붉다'라는 뜻이란다. 성벽에 붉은 점토를 사용했거든. 알람브라 궁전은 이슬람 왕조인 나스르 왕조를 세운 무하마드 1세와 그의 아들 무하마드 5세가 지었어.

이 궁전은 겉으로는 아주 소박해 보여. 하지만 궁전 안으로 들어서면 깜짝 놀랄 만큼 아름답지. 기둥, 벽, 천장 곳곳이 섬세한 아라베스크로 장식되어 있거든. 아라베스크는 이슬람 사원, 이슬람 공예품에 쓰이는 독특한 장식 무늬를 말해. 이슬람교에서는 동물이나 사람 그림을 쓸 수 없어서 식물, 아랍어, 기하학적 모양 등을 그리거나 조각한단다. 같은 무늬가 반복적으로 이어진 알람브라 궁전의 신비로운 문양 앞에 서면 저절로 탄성이 나오지. 잘 가꾸어진 정원과 분수대는 건물들과 조화를 이루고, 멀리 올려다보이는 시에라네바다산맥과도 아주 잘 어울려.

알람브라 궁전에는 여러 공간이 있어. 메아수르궁은 대신들이 회의하고 코란을 읊던 곳이야. 코마레스궁은 왕의 생활 공간이었지. 열두 마리 사자 분수대가 있는 레오네스궁은 오직 왕만이 드나들 수 있는 곳이었단다.

알람브라 궁전의 동쪽에 있는 헤네랄리페 궁전은 왕의 여름 별궁이었어. 입구에 단정하게 이발한 듯 정돈이 된 사이프러스 나무가 독특해 보이지. 별궁 안쪽에 있는 아세키아 정원의 긴 수로에는 시에라네바다산맥에서 끌어온 물이 흐르고 있어. 수로 좌우에는 아치형으로 물을 뿜는 분수가 있단다.

이렇게 아름다운 알람브라 궁전을 두고 떠나야 했던 보압딜왕의 마음은 어땠을까? 시에라네바다산맥을 넘으며 알람브라 궁전을 뒤돌아보던 보압딜왕의 마음을 상상해 봐. 얼마나 안타깝고 슬펐을지. 지금도 보압딜왕이 뒤돌아보았던 자리를 '한탄의 언덕'이라고 부른단다.

그런데 보압딜왕은 왜 끝까지 싸우지 않았을까? 보압딜왕은 나약하고 무능했어. 물론 당시 이사벨 여왕과 페르난도왕의 힘이 막강했으니 싸울 엄두가 안 났을 거야. 오래전 에스파냐 땅은 카스티야, 아라곤, 그라나다라는 세 왕국으로 나누어져 있었어. 그런데 카스티야의 이사벨과 아라곤의 페르난도가 결혼하면서 카스티야와 아라곤은 연합하였고, 이는 곧 에스파냐의 출발이 되었지. 두 사람은 공동 왕이 되어 더욱 강력해졌어. 독실한 가톨릭 신자였던 두 왕은 이슬람 왕국인 그

사자의 정원에 있는 파빌리온. 푸른 대리석 바닥과 정교한 이슬람식 장식이 돋보인다.

이슬람의 종교 의식을 하던 연못이 있는 알베르카 중정. 물에 비친 기둥과 아치가 아름답다.

라나다를 10여 년 동안 공격했고, 결국 1492년 1월 2일 보압딜왕의 항복을 받아 냈단다. 알람브라 궁전을 잘 보전하고 그라나다 왕국 사람들의 신앙과 재산을 지켜 주겠다는 약속을 받고서 말이야.

그 약속은 제대로 지켜졌을까? 공동 왕은 아름다운 알람브라 궁전을 허물지는 않았어. 하지만 이곳저곳을 가톨릭식으로 고치는 등 훼손했어. 그러다 에스파냐가 점점 쇠약해지면서 알람브라 궁전에 대한 관심이 사라지고 말았지. 궁궐 마당에는 쓰레기가 쌓였고, 노숙자들이 모여들었어. 알람브라 궁전은 폐허로 변한 채 사람들에게 잊히고 말았단다.

　그러던 중 미국 외교관이면서 작가인 워싱턴 어빙이 1829년《알함브라 궁전의 이야기》라는 책을 써서 세상에 알렸어. 이에 그 소중함을 깨달은 페르난도 7세와 그 아들이 보수를 했어. 그 결과 1870년 에스파냐 국보로 지정되었고, 1984년에는 유네스코 세계 문화유산에 등재되었단다. 지금 알람브라 궁전은 세계 여러 나라 사람들로 북적이지. 멸망한 왕조가 남긴 궁전 하나가 에스파냐 사람 전부를 먹여 살린다는 말이 있을 정도란다.

　에스파냐의 작곡가 타레가의 음악도 워싱턴 어빙의 책처럼 알람브라 궁전을 널리 알리는 데 한몫했어. 〈알람브라 궁전의 추억〉이라는 곡이야. 전해 오는 말로는 실연을 당한 타레가가 알람브라 궁전에서 영감을 얻어 작곡했다고 해. 같은 음을 빠르게 여러 번 움직여 마치 손가락이 줄 위에서 구르는 것처럼 연주하는 기타곡인데 그 선율이 마음을 애잔하게 만들지. 사랑을 얻지 못한 타레가의 슬픔과 궁전을 잃은 보압딜왕의 서글픈 마음이 묘하게 어우러지는 느낌이란다.

프랑스

"짐이 곧 국가다!"라고 선언한 왕이 있었어. 프랑스 역사상 가장 강력한 왕으로 꼽히는 루이 14세였지. 태양왕이라는 별명이 있을 정도야. 그는 자신의 힘을 과시하며 크고, 화려하고, 사치스럽기 그지없는 궁전을 지었어. 바로 베르사유 궁전이야. 루이 14세는 어떤 왕이었고, 어떻게 이런 궁전을 지었는지 알아볼까?

루이 14세의 권력을 보여 주기 위해 대규모로 건설된 베르사유 궁전

[태양왕의 권위만큼 화려한 베르사유 궁전]

"그대가 성을 짓는단 말을 들었소."

루이 14세가 재무 총감 푸케에게 말했다.

"예?"

푸케는 깜짝 놀라 루이 14세의 눈치를 보았다. 왕이 한 말의 의도가 무엇일까 잠시 생각했다. 성을 잘 짓고 있느냐는 안부인지, 왜 성을 짓느냐는 질문인지 알 수 없었다.

"뭘 그리 놀라오? 멋진 성을 한번 구경하고 싶어서 한 말이오."

"아, 예. 곧 완성될 것입니다. 전하를 모신다면 크나큰 영광이지요."

푸케는 왕의 관심에 감동했다. 예술적 감각이 뛰어난 루이 14세가 자신이 짓고 있는 보르비콩트성을 보면 무척 기뻐할 것으로 여겼다.

얼마 뒤 푸케는 루이 14세와 귀족들을 성으로 초대했다.

"좋은 기회야. 이 멋진 성을 보면 왕께서 나를 다시 보실 거야."

푸케는 파티 준비를 단단히 했다. 수석 요리사에게 몇 번이나 당부하고, 최고의 연주자와 최고의 희곡 작가를 불렀다.

1661년 어느 여름날, 루이 14세는 보르비콩트성을 방문했다. 귀족들과 함께 맛있게 음식을 먹었지만, 실은 무척 화가 나 있었다. 처음 재무 총감이 화려한 성을 짓고 있다는 말을 전해 들었을 때는 무척 놀랐다. 그것도 내로라하는 건축가와 조경 예술가, 화가 등을 불러 국가 예산을 펑펑 쓴다는 소식이었으니 그럴 만했다.

루이 14세는 초대를 즐기는 척하다가 청천벽력 같은 명령을 내렸다. 성을 지을 때 쓴 자금을 기록한 장부를 가져오라는 것이었다. 나랏돈을 몰래 빼내 쓴 푸케는 꼼짝 못 하고 감옥에 갈 수밖에 없었다.

루이 14세는 국가의 모든 권력을 왕인 자신이 가져야 한다고 생각했다. 그래서 이렇게 선언했다.

"짐이 곧 국가다."

막강한 권력을 쥐고 있던 루이 14세는 세상 누구보다 강력한 왕이 되기를 원했고 그 뜻을 확실히 전했다. 푸케처럼 국왕의 성보다 더 훌륭한 성을 가진 자를 용납하지 않았다. 귀족이나 지방 영주들은 왕의 권위에 눌려 복종할 수밖에 없었다.

루이 14세는 자신의 권위를 드러내기 위해 성을 짓기로 했다. 사실 보르비콩트성을 보았을 때 이미 결심한 상태였다. 보르비콩트성은 생각했던 것보다 화려했다. 겉으로 말하지는 않았지만 훌륭한 건축물에 충격을 받았다. 그동안 보아 왔던 어떤 성보다 훨씬 더 품격이 느껴졌다. 그래서 더 푸케에게 화가 났다.

"세상에서 가장 아름답고 특별한 성을 베르사유에 세울 것이오."

루이 14세는 마음이 설렜다. 보르비콩트성보다 몇 배는 더 훌륭한 성을 지을 계획이었다. 이런 계획만으로도 기분이 좋았다. 그만큼 자신의 권위도 올라갈 것 같았다. 루이 14세는 보르비콩트성을 만든 건축사, 조경사, 기술자, 예술가들을 모두 불러들였다.

베르사유는 루이 14세가 어린 시절 사냥을 좋아하는 아버지 루이 13세를 따라 종종 오곤 했던 곳이다. 베르사유를 좋아하던 루이 13세는 이곳에 작은 사냥 캠프를 지었고, 이어서 성도 세웠다. 루이 13세는 검소한 왕이라 건물은 소박했다. 루이 14세도 아버지처럼 베르사유를 좋아했다. 어른이 되어서는 추억의 장소라 더 마음이 갔다. 그래서 아버지의 손길이 묻어 있는 건물을 살려 두는 세심함을 보였다.

"국왕 전하, 전통이 있는 루브르 궁전이 있는데 어찌 베르사유로 가려 하십니까?"

당시 재무상 콜베르가 말렸지만 루이 14세는 고개를 저었다. 어릴 때 프롱드당의 반란 등 정치적 혼란을 겪었던 터라 파리와 좀 떨어져 지내고 싶었다. 모든 면에서 베르사유가 딱 좋은 장소였다. 이곳에서 편안하게 지내면서 나라를 다스려야겠다고 마음먹었다. 세상의 모든 나라가 부러워할 만큼 크고 화려한 궁전을 지어 세계 정치와 외교의 중심지로 만들고 싶기도 했다.

성은 새로우면서도 웅장함과 화려함의 극치를 보이게 지었다. 정원은 기하학적 문양을 본떠 조성되었고, 거대한 운하와 호수를 만들었다. 호수에는 아름답게 물을 뿜는 분수대를 놓았다. 루이 14세는 성이 완성되지 않았는데도 신하들을 데리고 자주 베르사유를 찾았다. 베르사유에 그만큼 애정이 더 생겼다.

봄이 한창인 1664년 5월 베르사유는 시끌벅적했다. 아직도 공사를 마친 게 아니었지만 대축제가 열렸다. 초대받은 사람들은 영광스러운 자리에 오게 된 것을 기쁘게 여기며 마음껏 축제를 즐겼.

베르사유에 어울리는 아름다운 선율이 흐르자 화려한 장식을 한 기마 행렬이 나타났고, 그때 번쩍이는 갑옷을 입고 루이 14세가 등장했다. 깜짝 출연한 왕을 향해 관객들은 일제히 일어나 소리치고 손을 흔들었다. 다음 날도 축제는 계속되었다. 연극이 공연되었고, 음악이 울려 퍼졌다.

　완성되지 않은 베르사유에는 왕과 왕족, 귀족들이 자주 머물렀다. 루이 14세는 점점 모양을 갖추어 가고 있는 성과 정원을 둘러보는 일을 무척 좋아했다.

세월이 흘러 드디어 성과 정원이 계획대로 완성되었다. 1682년 5월 6일 루이 14세는 베르사유 궁전을 공식적인 왕궁으로 공표했다.

프랑스의 역사가
차곡차곡 쌓인 궁전

    이곳 실내에는 300미터가 넘는 기다란 복도가 있어. 복도 양쪽으로는 회의실, 도서관, 생활 공간 등이 연이어 있단다. 또 유명 조각가와 화가의 예술품들이 곳곳에 조화롭게 놓여 있어. 겨울에는 벨벳 커튼으로, 여름에는 비단 커튼으로 창문을 장식했어. 밤마다 수많은 촛불이 샹들리에와 은촛대 위에서 반짝였지.

    정원에는 꽃나무 수백만 그루가 심어져 있고, 색색깔의 아름다운 꽃들이 마치 천국에라도 온 것처럼 곱게 피어난단다. 그 사이로 산책길이 이어지고 연못과 샘이 곳곳에 있어. 1,400여 개의 분수가 물을 뿜어 대는 환상적인 이곳은 어디일까? 바로 루이 14세가 지은 베르사유 궁전이야. 베르사유는 3만여 명이 넘는 일꾼과 6,000여 마리의 말이 동원되어 수십 년에 걸쳐 지어진 크고 아름다운 궁전이란다.

    루이 14세는 자신이 얼마나 강하고 부유한 왕인지 나타내고 싶어서 이 궁전을 지었어. 사교 모임을 열고 외국 사신을 접대하기 위해 만든 '거울의 방'은 정원을 향해 17개의 창이 나 있고, 맞은편 벽에는 크

17개의 거울과 17개의 창문이 서로 마주 보도록 만든 호화로운 거울의 방

기와 모양이 같은 17개의 거울이 배열되어 있어. 거울의 방은 베르사유 궁전 안에서도 특히 화려한 방으로 유명하단다. '전쟁의 방'에는 자신이 말을 타고 적을 무찌르는 모습을 부조로 장식했지.

루이 14세는 지방에 사는 영주들을 궁전에 살게 했어. 영주들을 분열시켜 자신에게 권력을 집중시키기 위해서였지. 루이 14세가 이렇게 왕권을 강화한 것은 어릴 때 겪은 것과 같은 반란이 다시는 일어나지 않게 하기 위해서였어. 루이 14세는 귀족들을 권력에 따라 등받이가 있는 의자와 없는 의자로 구별해 앉혔어. 자존심이 상한 귀족들은 어떻게든 왕의 눈에 들고자 애썼단다. 루이 14세는 또 귀족들의 마음을 풀어 주기 위해 음악과 춤을 즐기게 하고 토요일에는 연회를 열기도 했어.

루이 14세는 이렇게 강력한 왕이었지만 40세 전에 이미 이빨이 다 썩고 없었대. 그런데도 어마어마하게 먹어서 줄곧 소화 불량에 걸려 있었다고 해. 그래서 늘 변기에 앉아 살다시피 했다지. 궁전에는 화장실이 단 한 곳밖에 없어 귀족들은 고생했지만 왕의 변기는 수십 개나 있었대.

루이 14세가 75세에 세상을 떠나자 루이 15세는 궁전 일부를 더 지었어. 루이 16세는 왕비인 마리 앙투아네트를 위해 내부 공사를 벌이고 향락을 즐겼지. 결국 보다 못한 시민들이 1789년 7월 프랑스 혁명을 일으켰어. 루이 16세와 마리 앙투아네트는 콩코르드 광장에서 처형되었지.

베르사유 궁전은 그 뒤로 국제적인 조약과 선언 등이 이루어지는 장소로 쓰이곤 했어. 거울의 방에서는 1783년 영국과 프랑스가 미국 독립 전쟁이 끝났다는 조약에 서명을 했고, 1919년 제1차 세계 대전을 마치며 31개 연합국과 독일 사이에 베르사유 조약이 이루어지기도 했단다.

베르사유 궁전은 1979년 유네스코 세계 문화유산에 등재되었어. 프랑스의 역사가 차곡차곡 쌓여 있는 이 궁전은 프랑스를 방문하는 수백만 명의 관광객들이 반드시 들르는 곳이 되었지. 먼저 절대 왕조

관광객의 발길이 끊이지 않는 베르사유 궁전의 넓은 정원

의 어마어마한 권력에 놀라 입을 다물지 못하고, 소화 불량으로 변기를 달고 다녔다는 루이 14세의 개인적인 이야기에 재미있어하면서 말이야.

　루이 14세의 절대 정권이 이루어 놓은 베르사유 궁전은 많은 백성의 피와 땀으로 만들어졌지만 오늘날 프랑스에 막대한 관광 수익을 벌어 주고 있단다. 또 어마어마한 궁과 정원을 가꾸느라 많은 일자리를 제공해 주고 있으니 루이 14세는 존경받아야 할까? 비난받아야 할까?

러시아

러시아 속담에 "모스크바 위에는 크렘린만이 있고 크렘린 위에는 하느님만이 있다."라는 말이 있어. 그만큼 크렘린은 강력한 권력이 모여 있던 곳이지. 크렘린 바로 옆에는 붉은 광장이 있어. 크렘린과 붉은 광장은 러시아의 상징이며 모스크바의 심장으로 불린단다. 그럼 러시아의 역사가 살아 있는 크렘린과 붉은 광장으로 가 볼까?

모스크바의 붉은 광장 서쪽에 있는 크렘린

[러시아의 역사가 살아 있는 크렘린과 붉은 광장]

　오래전 러시아 땅에는 여러 작은 나라가 있었는데 그중 하나가 수즈달 공국이었다. 수즈달 공국의 유리 돌로루키 공은 1156년 모스크바강과 네글리나야강이 합해지는 볼로비츠키 언덕에 목재 성벽을 쌓았다. 적의 공격을 막기 위해서였다. 그것이 러시아를 상징하는 크렘린의 시초였다. 크렘린은 러시아어로 '요새, 성채, 성'을 뜻하는 말로, 러시아의 모스크바에 있는 성이다. 크렘린 성벽 안에는 크렘린 궁전을 비롯해 여러 건축물이 들어서 있다.

　14세기 말 몽골족의 침략으로 크렘린은 대부분 불타 버렸다. 그러나 15세기에 이반 3세에 의해 크렘린의 위상이 달라졌다. 이반 대제라고도 불리는 이반 3세는 모스크바 대공국의 군주였다. 강인한 성격에 신중함과 지혜를 갖춘 그는 동북 러시아를 통일하며 힘을 과시했다. 오랫동안 눈엣가시였던 몽골의 타타르족도 몰아냈다. 이반 대제는 크렘린을 다시 정비했다. 크렘린 성벽 안에 여러 성당을 지었고, 성벽을 든든하게 벽돌로 쌓았다. 크렘린 담벼락이 붉게 바뀐 것도 이때였다.

16세기에는 이반 4세 즉 이반 뇌제가 할아버지 이반 대제에 이어 크렘린을 정비했다. 이반 뇌제라는 이름은 말 그대로 벼락이 치듯 공포를 불러일으키는 황제라는 뜻이었다. 그는 또한 무척 파란만장한 삶을 살았다. 세 살 때 아버지가 세상을 떠났고, 일곱 살에는 섭정을 하던 어머니마저 돌아가셨다. 그 뒤 '보야르'라 불리는 귀족들의 섭정을 받았다. 어린 왕은 그들로부터 온갖 무시를 당하며 증오심을 키웠다. 그리고 드디어 17세에 러시아 최초로 황제인 '차르'가 되었다.

이반 뇌제는 어지러운 나라를 바로 세우고 귀족들을 견제했다. 군사력을 키워 전쟁에서 승리하는 등 강력한 국가로 거듭났다. 또한 크렘린을 보수하고 건축하기 위해 다른 나라의 유능한 건축가들까지 불러들였다. 그때부터 크렘린은 지금과 같은 모습이 되었고, 방어 능력을 갖춘 요새와 궁전을 갖게 되었다.

붉은 광장에는 이반 뇌제의 최고의 걸작으로 꼽히는 성 바실리 대성당이 있다. 1552년 이반 뇌제가 타타르족의 왕국 '카잔한국'과의 전쟁에서 승리한 뒤 이를 기념하기 위해 세운 것이다. 1555년에서 1561년에 세워진 이 성당의 원래 이름은 '포크로프스키 성당'이었다. 후에 이반 뇌제의 아들 표도르 이바노비치가 다시 증축하고 그곳에 바실리 성인을 모시면서 성 바실리 대성당으로 불리게 되었다.

　이 성당을 보고 이반 뇌제는 흠뻑 반했다. 하지만 곧 걱정에 싸였다. 누군가 이보다 더 아름다운 성당을 지을까 봐서였다. 때마침 영국 엘리자베스 1세가 성 바실리 대성당을 보고 반해서 영국에도 성당을 지을 수 있게 건축가를 보내 달라고 요청했다. 이반 뇌제는 영국에 이 같은 성당이 또 생기는 것을 바라지 않았다. 그래서 건축가들의 눈을 뽑아 버리라고 명령했다.

　붉은 광장은 크렘린 성벽 동북쪽에 있다. 이곳은 15세기에 형성되었는데 원래 상인들이 장사하던 곳이어서 이름이 시장이란 뜻의 '토르크'였다. 이곳에서는 전쟁에 나가는 군사들이 행진하기도 하고, 정치범이나 사형수들이 많은 사람 앞에서 처형되기도 했다. 붉은 광장은 러시아말로 '크라스나야 플로시차지'인데 '크라스나야'는 '붉다'라는 뜻 외에 '아름답다'라는 뜻도 있다. 또 이 광장에서 노동절과 러시아 혁명 기념일에 수많은 사람이 주변에 붉은 현수막을 걸고, 붉은 깃발을 흔들었다. 그래서 이름 그대로 붉은 광장이 되었다.

　크렘린과 붉은 광장이 있는 모스크바는 한동안 힘을 잃은 도시이기도 했다. 왕이 공석이었던 적도 있었고, 기근이 들어 수백만 명이 죽어 가기도 했다. 18세기 초에는 표트르 대제가 상트페테르부르크로 수도를 옮겼다. 표트르 대제는 서유럽을 여행하며 그곳 문물을 받아들여 새로운 시대를 열고 싶어 했다. 그래서 모스크바는 200여 년 동안 상

트페테르부르크에 수도의 지위를 내주고 말았다.

그러다 다시 모스크바 시대가 열렸다. 1917년 러시아 혁명이 일어났고, 혁명 정부 즉 '소비에트 사회주의 공화국 연방'은 1918년 수도를 다시 모스크바로 옮겼다. 레닌은 크렘린에 머물면서 정치를 펼쳤고, 1922년에는 스탈린이 크렘린에 들어왔다. 1991년 소비에트 사회주의 공화국 연방이 해체된 이후로는 러시아의 대통령이 크렘린 궁전을 사용하고 있다.

파란만장한 이야기가 담긴
붉은 성

　모스크바는 러시아 최대의 도시이며 수도야. 모스크바 중심부에는 크렘린과 붉은 광장이 자리 잡고 있지. 오랜 역사를 간직한 이곳은 러시아의 상징적인 장소란다.

　러시아는 세계에서 가장 넓은 땅을 가졌어. 땅덩이 크기로만 치면 정말 부러운 나라야. 반면 겨울이 정말 춥고 길어. 겨울의 나라라고 할 만큼 말이야. 영하 50도까지 내려간다니 얼마나 추울지 상상이 되니? 그런데 이 추위 덕분에 적군을 물리쳤다면 어떨 것 같아? 오히려 추위가 고맙고 반가울 수 있을 거야.

　1812년 나폴레옹이 모스크바에 쳐들어와 크렘린을 정복했어. 하지만 이때 모스크바는 텅 비어 있었단다. 잃을 게 없는 하층민만 남아 있었을 뿐 귀족들은 모두 군사들과 함께 피해 버렸지. 나폴레옹은 쉽게 크렘린을 얻었지만 오래 버틸 수는 없었어. 곧 모스크바 곳곳에 불이 났고, 강추위가 닥쳤거든. 나폴레옹과 프랑스 군사들은 추위와 배고픔을 견디지 못해 물러나고 말았단다.

또 제2차 세계 대전 때는 히틀러가 크렘린 가까이 쳐들어오기도 했어. 1941년 히틀러는 400만 명의 군사를 이끌고 왔지만 러시아의 혹독한 추위 때문에 모스크바를 점령하지 못했지.

프랑스의 나폴레옹도, 독일의 히틀러도 러시아의 겨울을 만만하게 보았다가 큰코다친 거야. 금방이라도 승리를 거머쥘 줄 알고 러시아를 침략했는데 겨울이 닥치자 무시무시한 추위에 무릎을 꿇을 수밖에 없었지. 혹독한 추위로 병사 대부분을 잃은 채 패잔병을 이끌고 간신히 돌아갔어. 그러니 다시는 러시아를 떠올리고 싶지도 않았을 거야.

톨스토이는 모스크바를 '러시아의 어머니'라고 표현했어. 그만큼 모스크바는 러시아에서 중요한 장소였거든. 크렘린과 붉은 광장은 모스크바 한가운데서 파란만장한 역사를 겪었어. 그래서 모스크바와 러시아의 모든 것이 집약되었다고 볼 수 있는 곳이지. 그 역사만큼 크렘린에는 궁전, 성당 등 볼거리가 가득하단다. 붉은 광장 또한 동화에서나 나올 듯한 아름답고 신비로운 성당이 반겨 주는 곳이지.

그런데 사실 크렘린과 붉은 광장의 이미지는 근대사와 더 가깝게 연결되어 있어. 러시아 혁명이 일어난 1917년 이후 모스크바는 '철의 장막'이라 일컬어지며 드나들기가 어려운 곳이었거든. 아직도 접근조차 어려운 무시무시한 곳으로 기억하는 사람들도 있어. 지금도 붉은 광장에서 승전 기념 군사 행진이 열리는데 군인들의 절도 있는 걸음이 예전의 사회주의 분위기를 떠올리게 한단다. 붉은색은 공산주의나 사회주의를 상징하기 때문에 붉은 광장도 혁명을 떠올리게 해.

　크렘린에 들어가려면 스무 개의 망루 중에 트로이츠카야 망루를 통해야 해. 크렘린 안에 들어서면 현대식 회의장이 있는 대회 궁전이 먼저 맞아 주지. 소보르나야 광장에는 러시아 정교회의 중심지인 우스펜스키 성당, 대천사 미카엘 프레스코로 유명한 아르한겔스크 성당, 황실 전용 예배당이 있던 블라고베셴스크 성당, 은빛 돔이 아름다운 12사도 성당이 있단다.

　크렘린 한가운데 있는 이반 대제의 종탑은 황실에 좋은 일이 생기거나 적이 침입했을 때만 타종했대. 종탑 앞에는 깨진 채 놓여 있는 '황제의 종'이 있어. 만드는 과정에서 깨졌기 때문에 한 번도 타종된

러시아 정교회 성당인 성 바실리 대성당. 붉은 광장 남쪽에 있는 성 바실리 대성당은 다채로운 색깔의 양파 모양 돔이 특징이다.

적이 없는 종이야. 깨진 조각 하나의 무게가 11톤이나 된다니 종의 크기를 짐작할 수 있겠지?

　붉은 광장에서는 양파 모양의 돔 지붕이 아름다운 성 바실리 대성당을 볼 수 있어. 이반 뇌제가 다른 곳에 이처럼 아름다운 성당을 짓지 못하게 건축가의 눈을 뽑아 버렸다는 이야기는 사실이 아닐 수도 있어. 하지만 그런 말이 전해 오는 것을 보면 이 성당이 얼마나 아름다운지 상상이 가지. 성 바실리 대성당은 1984년 만들어진 퍼즐 게임 '테트리스'에 등장해 더 유명해졌단다.

　성 바실리 대성당에서 붉은 광장을 가로지른 건너편에는 러시아 국립 역사 박물관이 있어. 왼쪽 크렘린 벽면에는 1924년에 세상을 떠난 레닌의 묘가 있고, 오른쪽에는 러시아에서 가장 오래된 100년 전통의 굼백화점이 있단다. 모스크바의 심장이라 불리는 크렘린과 붉은 광장은 1990년 유네스코 세계 문화유산에 등재되었어.

4장 아메리카

미국 – 미국 독립 100주년 기념 선물 자유의 여신상

페루 – 잉카 제국의 신비로운 도시 쿠스코와 마추픽추

미국

미국 뉴욕의 입구에 있는 리버티섬에는 횃불을 높이 든 동상이 우뚝 서 있어. 바라보기만 해도 위로와 희망이 되는 자유의 여신상이지. 이 여신상은 미국 땅에 있지만 고향은 프랑스야. 어떤 사연이 있기에 자유의 여신상은 프랑스에서 미국으로 왔을까?

뉴욕항 입구에 우뚝 서 있는 자유의 여신상

[미국 독립 100주년 기념 선물
자유의 여신상]

"제가 그곳에 가서 주변 풍경을 좀 보겠습니다."

조각가 프레데리크 오귀스트 바르톨디가 말했다.

"좋은 생각이오. 현장을 직접 보면 생각이 훨씬 잘 떠오르겠지요."

라부라이에는 환한 표정을 지었다. 바르톨디는 당장 미국으로 향했다. 긴 여행 동안 바르톨디는 만들고 싶은 동상의 모습을 스케치북에 그렸다. 연필을 쥔 손이 부드럽게 스케치북 위를 오갔다.

"음, 멋지군."

바르톨디는 만족한 듯 중얼거렸다. 스케치북에는 한 손을 높이 든 여인이 그려져 있었다. 자신이 그렸지만 어떤 강한 영감이 작용한 것 같아서 신기했다. 스케치와 같은 멋진 동상을 만든다면 조각가로서 무척 자랑스러울 것 같았다. 바르톨디는 이렇게 뜻깊은 동상의 제작이

자신에게 주어진 것이 감사했다. 그리고 얼마 전 정치가이며 법학자인 라부라이에가 찾아온 일을 떠올렸다.

"미국 독립 100주년을 맞아 우리 프랑스 사람들이 미국에 선물을 보내려고 합니다."

"선물요? 그런데 왜 저를 찾아오셨나요?"

바르톨디는 영문을 몰라 물었다.

"자유를 상징하는 커다란 동상을 만들 거라서 조각가인 선생님을 찾아왔습니다. 미국이 독립을 위해 영국과 싸울 때 우리 프랑스가 큰 힘이 되었던 건 아시지요? 그래서 우리 프랑스의 우정을 담은 동상을 선

말하고 싶은 것이지요."

라부라이에는 그동안의 사정을 들려주었다. 이 일을 추진하던 중 나폴레옹 3세의 독재 체제에서는 진행하기가 힘들어 잠시 멈추었다는 이야기도 해 주었다. 다행히 1870년 나폴레옹 3세가 물러나자 상황이 바뀌었고, 이렇게 다시 진행하게 된 것이라고 했다.

배가 뉴욕항에 들어서자마자 바르톨디는 눈을 반짝였다.

"아, 저기가 좋겠어."

동상을 세우면 딱 좋을 섬이 눈앞에 있었다. 항구도 수많은 사람이 드나드는 곳이라 앞으로 더 발전해 나갈 것 같았다.

하지만 바르톨디는 미국 대통령인 율리시스 그랜트를 비롯하여 정치 관계자들이 이번 일에 큰 관심이 없다는 것을 알았다. 물론 그렇다고 해서 포기하지는 않았다. 왠지 자신이 꼭 해내야 할 일처럼 느껴졌기 때문이다. 바르톨디는 미국 관계자들에게 자신의 스케치를 보여 주고 라부라이에를 비롯한 많은 사람이 프랑스에서 어떤 노력을 하고 있는지 전했다.

바르톨디는 프랑스로 돌아가 라부라이에에게 상황을 알렸다. 상황이 좋지 않았지만 라부라이에도 포기하지 않았다. 자기 생각과 함께한 많은 프랑스 사람들의 마음이 헛되지 않을 거라는 믿음이 있어서였다.

라부라이에는 미국 정부에 여신상을 세울 장소와 추후 관리에 대한 문서를 보냈다. 빈틈없는 문서에는 프랑스 사람들의 우정 어린 마음이 고스란히 담겨 있었다. 얼마 뒤 미국 정부의 승인이 담긴 서류가 도착했다. 미국 정부로서도 반대할 까닭이 없었다.

1874년 바르톨디는 동상 모형을 먼저 만들기로 했다. 우선은 모델이 필요했다. 수많은 위인이 생각났지만 모두 마땅치 않았다. 그러다 어머니 얼굴을 떠올렸다. 어머니 얼굴은 그저 보기만 해도 마음이 포근해지고 편안했다. 동상의 자유로운 느낌과도 딱 맞아떨어졌다. 하지만 늙으신 어머니가 오랫동안 같은 자세로 서서 모델을 하기는 어려웠다. 바르톨디는 어쩔 수 없이 파리 시내를 돌며 어머니와 닮은 여인을 찾아냈다.

먼저 그 얼굴을 나무에 조각해 모형을 만들었다. 모형 위에 동을 눌러 붙이고 두들겨서 고르게 펴 본을 떴다. 수백 개나 되는 조각을 다시 블록처럼 철제 구조물에 조립해 전체 모습을 만들었다. 여러 명의 조각가가 일주일 넘게 밤낮으로 일한 결과였다.

"이렇게 만들면 되겠어."

동상 모형을 보며 바르톨디는 만족한 미소를 지었다. 곧바로 본격적인 작업을 시작했다. 수십 명의 실력 있는 조각가들이 땀을 흘리며 일했다. 모형을 만들면서 실패했던 것들을 참고하니 실수가 훨씬 줄어들었다. 그래도 워낙 큰 작업이라 완성하기까지 10년이나 걸렸다.

1884년 7월, 드디어 동상이 완성되었다. 동상은 미국 독립 기념일인 7월 4일에 맞춰 파리 주재 미국 대사관으로 옮겨졌다. 15층 높이의 거대한 동상을 보기 위해 수많은 사람이 몰려들었다.

"우아, 파리 시내에서 제일 높은 건물보다 세 배는 더 높겠어!"

당시 파리에서 가장 높은 건물은 4층이나 5층 정도였으니 놀랄 만한 사건이었다. 관람료를 내면서까지 사람들은 동상을 보려 했다. 어떤 사람은 옥상에 올라가서 감상하기도 했다.

이듬해 6월 동상은 뉴욕으로 향했다. 조각조각 분해한 동상 조각이

담긴 200여 상자를 파리에서 루앙까지 기차로 옮겼다. 루앙에서는 프랑스 군함 이젤호가 뉴욕항으로 운반했다. 하지만 동상은 1년이 넘게 세워지지 못했다. 미국이 동상을 올려놓을 받침대를 짓기로 한 약속을 지키지 못해서였다. 시민 모금이 제대로 되지 않은 까닭이었다.

이때 이민자였던 언론인 퓰리처가 나섰다. 모금 운동을 위한 글을 써서 자신이 발행하는 《뉴욕 월드》에 발표한 것이다. 받침대 건설을 하지 못해 동상을 프랑스로 돌려보낸다면 부끄러운 일이 될 것이라는 내용이었다. 이에 많은 시민이 호응했고, 미국 이민자들과 동상에 관심을 가진 세계 각지의 사람들이 모금에 동참했다. 덕분에 몇 개월 만에 목표 금액을 모을 수 있었다.

받침대는 뉴욕항 입구 리버티섬(당시 베들로섬)에 만들어졌다. 높이가 47.5미터로 구리 골조에 화강암으로 쌓은 것이었다. 튼튼한 받침대가 만들어지자 동상 조립이 시작되었다. 조립을 하는 데는 약 4개월이 걸렸다.

1886년 10월 28일 마침내 동상 제막식이 열렸다. 이날이 오기까지 많은 시간이 걸렸다. 동상 제작 과정도 모금 운동 과정도 결코 쉽지 않았다. 미국의 클리블랜드 대통령도 감회 깊은 표정으로 참석했고, 많은 사람이 함께했다.

사람들은 먼저 동상의 거대함에 놀랐다. 받침대와 동상 높이를 합쳐 약 93미터에 달했다. 또한 아름다움에 놀랐다. 지금껏 본 어떤 동상과도 비교할 수 없었다. 자유와 희망을 상징하는 여신상의 정식 이름은 '세계를 밝히는 자유'였다.

"자유여, 영원하라!"

사람들은 여신상을 우러러보았다. 모두 벅찬 기쁨에 눈을 떼지 못했다.

자유와 희망의 상징이 된
동상

　미국만큼 다양한 민족이 어우러져 사는 나라도 드물 거야. 많은 이민자들이 모여들어 이루어진 나라이기 때문이지. 처음에는 영국인을 비롯해 독일과 이탈리아, 에스파냐 이민자가 들어왔어. 그 뒤로 중동과 아프리카, 아시아 이민자도 합류했지.

　뉴욕 맨해튼 앞 리버티섬에는 자유의 여신상이 우뚝 서 있어. 이 또한 이민자들과 관련이 있단다. 원래 자유의 여신상은 민주주의와 인권을 상징하는 미국의 독립 기념물이었어. 하지만 새로운 상징이 더 생겼지. 바로 전쟁과 가난, 독재로부터 자유를 얻기 위해 온 이민자들의 희망이야.

　이민자들이 뉴욕 항구에 들어올 때 가장 먼저 반겨 주는 것이 이 자유의 여신상이었어. 이민자들은 자유의 여신상을 바라보며 진정한 자유를 누리고 인권이 존중받기를 기도했을 거야. 때때로 힘들 때는 바라보기만 해도 힘이 되고 다시 꿋꿋하게 살아갈 힘을 얻기도 했겠지.

　자유의 여신상은 누가 보아도 우러러보게 되는 묘한 힘이 있단다.

높이 올린 오른손에는 횃불을 들고 있는데 이 횃불은 '자유의 빛' 또는 '계몽의 빛'이라고도 해. 왼손에는 독립 선언서를 상징하는 책을 들었어. 표지에는 미국 독립 기념일인 '1776년 7월 4일'이 새겨져 있지. 또 발로 쇠사슬을 밟고 있는데, 이는 억압된 상태에서 해방되는 것을 의미한단다.

머리에 쓴 왕관에는 가시가 일곱 개 달려 있어. 전 세계의 일곱 개 바다(남대서양, 북대서양, 남태평양, 북태평양, 인도양, 남극해, 북극해)와 일곱 개 대륙(남아메리카, 북아메리카, 아시아, 유럽, 아프리카, 오스트레일리아, 남극)을 상징해. 밤이 되면 자유의 여신상 왕관에서 일곱 개의 빛줄기가 뿜어져 나온단다. 마치 전 세계의 자유와 평화를 염원하는 빛처럼 말이야.

자유의 여신상은 바르톨디의 작품이지만 귀스타브 에펠이 없었다면 세우기 힘들었을 거야. 동상의 무게가 225톤인데 두께는 3밀리미터가 안 될 만큼 아주 얇거든. 에펠은 두께가 얇은 동상 안에 철제 구조물을 만들어 튼튼하게 서 있을 수 있도록 했어. 바닷가에 높이 세워진 동상이 바람에 흔들리지 않고 견딜 수 있는 것은 에펠 덕분이야. 에펠은 이 작업을 경험 삼아 훗날 파리 에펠탑을 만들었단다.

자유의 여신상은 1984년 유네스코 세계 문화유산에 등재되었어. 등재된 이유는 예술과 공학이 이룬 놀라운 기술임이 인정되어서래. 조각가 바르톨디와 공학자 에펠이 힘을 합한 결과라고 볼 수 있지.

자유의 여신상 박물관 입구

　자유의 여신상 받침대 안에는 박물관이 있어. 자유의 여신상을 만든 과정과 도구 등을 전시해 놓았지. 왕관을 쓴 여신의 머리 부분에는 전망대가 있어. 이곳까지 올라가서 뉴욕을 구경할 수도 있단다.

　사람들이 자유의 여신상에 관심을 보이고 좋아하는 까닭은 높고 웅장한 겉모습 때문만은 아니란다. 여신상이 상징하는 가치가 크기 때문이야. 자유의 여신상이 의미하는 것처럼 세계 모든 사람의 자유가 보장되었으면 정말 좋겠지?

페루

쿠스코와 마추픽추는 모두 페루 중남부의 안데스산맥에 있어. 잉카 사람들이 만든 도시야. 특히 마추픽추는 높은 산꼭대기에 있단다. 돌 다루는 기술이 뛰어났던 잉카인들은 집도, 담도, 길도 돌로 만들었어. 잉카 문명의 요람인 쿠스코와 마추픽추는 어떤 이야기를 품고 있을까?

해수면으로부터 2,430미터 높이의 고지대에 있는 공중 도시 마추픽추

[잉카 제국의 신비로운 도시
쿠스코와 마추픽추]

"창카족이 쳐들어온다!"

사람들은 개미 떼처럼 몰려오는 적군을 보며 어찌할 바를 몰랐다.

"어떻게든 물리쳐야 합니다."

쿠스코 왕국(잉카 문명을 탄생시킨 왕국으로 나중에 잉카 제국으로 발전함)의 유판키 왕자는 아버지 비라코차왕에게 나아갔다. 무슨 일이 있어도 절대 겁내지 않는 유판키의 성격 그대로 굳은 의지가 보였다. 하지만 왕과 태자 우르코는 겁에 질려 쿠스코를 버리고 도망쳐 버렸다.

유판키는 아버지와 형의 나약함에 화가 났다. 쿠스코 왕국을 위해 어떻게든 칭카족을 물리쳐야 한다는 결의가 생겼다.

"위대하고 용감한 용사여 나를 따르라!"

유판키는 선두에 서서 소리쳤다. 병사들은 유판키의 늠름한 모습을

보며 힘을 얻었다. 유판키는 숫자의 열세를 극복하기 위해 적이 오는 길목에 병사들을 잠복시키고 기습 작전을 폈다. 창카족은 강인했지만 유판키의 전술을 당해 내지는 못했다.

"이러다 지겠어. 유판키는 주술을 부려 돌로 병사들을 만들어 낸대."

전투에서 속속 패하자 창카족 병사들은 두려움에 떨었다. 반면 기습 작전에서 승리를 이어 간 쿠스코 왕국 병사들의 사기는 하늘을 찔렀다. 결국 창카족은 유판키 앞에 무릎을 꿇었다.

"와, 와! 유판키 왕자님 만세! 파차쿠티 만세!"

백성들은 손을 높이 들고 유판키 왕자를 환영했다. 파차쿠티 즉 '시간과 공간을 흔드는 자'라는 별명도 붙여 주었다. 파차쿠티는 도망쳤던 아버지를 불렀다. 포로로 잡힌 적군의 몸에 발을 닦는 승리 의식을 하기 위해서였다. 이 의식은 보통 왕이 하는 것이었다.

"나는 됐다. 왕위를 물려받을 우르코에게 시킬 것이다."

"형에게 시키신다고요? 아버님께서 하지 않으신다면 승리를 이끈 제가 해야 마땅하지 않습니까?"

파차쿠티는 화를 내며 형과는 만나지도 않을 것이라고 선언했다.

"유판키가 그랬단 말이냐? 이 형을 무시하다니! 가만두지 않겠다."

우르코는 파차쿠티에게 맞서기 위해 군대를 조직하기 시작했다. 하지만 파차쿠티의 역습으로 우르코는 세상을 뜨고 말았다. 왕은 파차쿠티에게 사과하고 왕위를 물려주었다. 이로써 파차쿠티는 쿠스코 왕국의 아홉 번째 왕이 되었다. 또한 그는 잉카 제국의 첫 번째 황제이기도 하다. 파차쿠티는 전쟁을 할 때마다 이겼고, 영토는 나날이 넓어졌다.

"제국의 수도답게 쿠스코를 발전시켜야겠다. 동, 서, 남, 북 모든 도로는 쿠스코를 향하도록 하여라."

파차쿠티는 '세계의 배꼽'이라는 이름답게 쿠스코를 세상의 중심지로 만들었다. 잘 닦인 도로는 황제의 명령을 지방 곳곳에 빠르게 내려보낼 수 있었다. 물건을 수송할 때도 무척 편리했다. 잉카의 땅이 워낙 넓었기 때문에 도로 정비는 제국을 다스리는 데 꼭 필요한 조치였다.

파차쿠티는 쿠스코에 백성들의 출생 지역에 따라 거주할 수 있는 구역을 정했다. 또 구역을 세분화해서 질서 있게 다스렸다. 돌을 다듬는 솜씨가 뛰어난 장인들에게 건축물을 짓게 했다. 태양의 신전 코리칸차를 정비해서 더 튼튼하게 보수하고, 거대한 돌벽 요새도 세웠다. 한편 주민들을 국경 지역으로 이주시켜 개척하여 살게 했다.

백성들은 파차쿠티를 황제 이상의 신처럼 모셨다. 파차쿠티도 자신이 태양신의 아들이라고 생각했다.

"신을 만나는 신성한 장소에 신전과 도시를 만들어야겠다."

파차쿠티는 신하들에게 알맞은 장소를 찾아보라고 명령했다. 신하들은 안데스 자락의 신성한 장소를 찾아 파차쿠티에게 보여 주었다. 쿠스코에서 수십 킬로미터 떨어져 있었지만 위치가 정말 좋았다.

"오, 마추픽추! 신령한 산이 에워싸고 있는 높은 곳! 하늘과 산과 강의 중심이 되고, 태양 빛이 찬란하구나. 밤에는 남십자성을 올려다볼 수 있으니 이보다 더 좋은 장소는 없을 것 같다."

파차쿠티도 무척 만족했다. 그러나 신하들은 가파른 산에 어떻게 도시를 건설해야 할지 기술적인 문제에 부딪혔다. 방법을 찾기 위해 잉카의 학자들은 머리를 맞대고 수십 년간 연구했다.

먼저 돌을 산꼭대기까지 옮겨야 했다. 이후 기술자들은 청동 끌과 돌망치로 돌을 다듬었다. 그런 다음 돌과 돌을 연결시키고 쌓았다. 회반죽은 일절 쓰지 않는 게 잉카인들의 기술이었다. 그러려면 돌을 정

교하게 다듬어 빈틈없이 쌓아야 했다. 신전과 일반인의 거주지, 계단식 밭을 만들고 수로도 만들었다. 도시를 건설하는 데 많은 인력이 필요해 전쟁에서 데려온 포로들을 데려다 썼다.

  파차쿠티는 점점 모습을 갖추어 가는 마추픽추를 흐뭇하게 바라보았다. 마침 와이나픽추 봉우리 위로 신의 세계로 이어 준다는 콘도르가 날고 있었다. 파차쿠티는 신성한 새 콘도르를 올려다보며 신의 기운을 흠뻑 받았다. 눈부신 태양 빛이 황제에게 쏟아지고 있었다.

여전히 비밀에 싸인
공중 도시

 태양의 제국 잉카는 전설에서부터 시작된단다. 태양의 신 인티는 그의 아들 만코 카팍과 딸 마마 오클로를 티티카카로 내려보냈어. 만코 카팍은 농사 짓는 법을, 마마 오클로는 물레질과 요리법을 사람들에게 가르쳤지. 태양신은 만코 카팍에게 황금 지팡이를 던져 꽂힌 곳에 왕국을 세우라고 했어. 그곳이 바로 쿠스코였대. '세상의 배꼽'이란 뜻이지. 만코 카팍과 마마 오클로는 결혼하여 쿠스코에서 나라를 열었단다.

 쿠스코가 크게 발전한 것은 파차쿠티 황제 때부터야. 페루와 에콰도르는 물론 볼리비아와 칠레 북부, 아르헨티나 북서부, 콜롬비아 남부에 이르는 광대한 땅을 차지하는 기틀을 잡았지. 길이가 4,000킬로미터에 이르는 길 '잉카 트레일'이 정비되기도 했어.

 1533년 잉카 제국의 마지막 황제 아타우알파가 에스파냐군에 체포되어 처형당하면서 잉카의 수도 쿠스코는 에스파냐 세상이 되었지. 잉카 시대의 돌 건축물 위에 에스파냐 건물들이 들어섰어. 태양 신전인 코리칸차도 산토도밍고 성당으로 바뀌었단다. 지금 쿠스코의 모습은 주춧돌은 잉카, 건물은 에스파냐라고 해도 될 만큼 두 문화가 섞여 있어. 종교도 잉카의 토착 신앙에 에스파냐의 가톨릭이 혼합되어 있지.

쿠스코와 마추픽추는 떼려야 뗄 수 없는 관계야. 쿠스코를 알아야 마추픽추도 알 수 있어서야. '잃어버린 공중 도시'라는 별명을 가진 마추픽추는 해발 2,430미터 높이의 산꼭대기에 있어. 마추픽추는 1450년를 전후해 건설된 것으로 보여. 파차쿠티는 1438년에 왕위에 올라 1472년에 세상을 떠났지.

마추픽추는 1911년 미국 탐험가 하이럼 빙엄이 발견하기 전까지 수백 년 동안 꼭꼭 숨어 있었어. 물론 마추픽추를 알고 있는 원주민들이나 이곳을 방문한 외부인이 있었겠지만, 마추픽추가 세계적으로 널리 알려지게 된 것은 하이럼 빙엄 덕분이야.

마추픽추는 어떻게 오랫동안 숨겨져 있었을까? 그건 빽빽한 밀림 속 높은 산 위에 파묻혀 있어서야. 산 아래에서는 전혀 보이지 않거든. 산자락을 휘도는 구름도 마추픽추를 숨기는 데 한몫했지. 그러니 에스파냐 군대도 발견하지 못했던 거야.

마추픽추는 '늙은 봉우리'라는 뜻이야. 마주 보이는 곳에는 '젊은 봉우리'라는 뜻의 와이나픽추가 원뿔처럼 우뚝 서 있단다. 마치 젊은 봉우리가 늙은 봉우리를 보호하고 있는 것처럼 말이야. 유적은 대부분 늙은 봉우리 마추픽추에 있어. 산 아래로는 깊은 골짜기를 따라 우루밤바강이 힘차게 흘러간단다.

마추픽추는 계단식 밭이 있는 구역과 주택 구역이 있어. 계단식 밭은 마추픽추에서 가장 넓은 구역이야. 가파른 경사지를 밭으로 만들기 위해 잉카 사람들은 땅을 고른 후 맨 밑에는 큰 돌을 놓고 점점 작은 돌을 쌓았어. 이렇게 한 단 한 단 쌓아 만든 계단식 밭에서 옥수수나 감자, 코카를 길렀을 거래. 농사에 필요한 물은 돌로 도랑을 만들어 샘에서부터 끌어왔어. 돌로 만들었기 때문에 아직도 고스란히 보존되어 있지.

화강암으로 지은 집과 창고는 이추라는 짚으로 지붕을 덮었어. 공동 마당에는 함께 사용하는 농기구를 보관하는 곳이 있지. 또 땔감으로 쓰는 라마의 배설물을 모아 둔 곳도 발견됐어. 공동 마당 둘레에는 신전들이 있단다.

커다란 말굽 모양인 태양의 신전은 천문대 역할을 했을 거라고 추측해. 두 곳으로 난 창문으로 들어오는 햇빛을 관찰해 동지와 하지를 계산하고, 씨 뿌리는 시기 등 농사 정보를 알아냈다고 해. 태양의 신전 아래에는 동굴이 있는데 왕의 무덤이었을 것으로 보고 있단다.

마추픽추에서 가장 위쪽 중앙에는 인티와타나란 돌기둥이 있어. 태양을 숭배하던 잉카 사람들은 도시를 세울 때 꼭 인티와타나를 만들었어. 인티와타나는 '태양을 끌어들이는 자리'라는 뜻이야. 동짓날이면 태양신에게 제사를 지내고, 제사장이 돌기둥 위로 떠 있는 태양을 끈으로 묶어 붙잡는 의식을 치렀다고 해. 돌기둥 그림자로는 시간과 계절의 변화를 알아냈을 거야.

이 모든 것은 남아 있는 유적을 바탕으로 연구한 내용이야. 어디에도 마추픽추에 대한 기록이 없거든. 하지만 돌을 잘 다루는 잉카인들이 살았었다는 것, 태양을 숭배했고 천문 과학이 발달했다는 것, 물을 끌어들여 농사를 지었다는 것 등은 확실해. 알아내지 못한 다른 비밀은 사라져 버린 잉카 사람들만 알고 있겠지.

1983년 쿠스코는 유네스코 세계 문화유산으로, 마추픽추는 유네스코 세계 복합 유산으로 등재되었어. 유네스코 세계 유산은 문화유산, 자연 유산, 복합 유산이 있는데, 그중 복합 유산은 문화유산과 자연 유산의 특징을 모두 가진 것이야. 쿠스코와 마추픽추는 전 세계 사람들이 남아메리카에서 가장 가 보고 싶어 하는 곳으로 손꼽힌단다.

마추픽추의 계단식 밭과 집들

> 세계 문화유산에 버금가는
> 문화 유적 하나 더!

드라큘라 이야기의 배경이 된
루마니아의 브란성

무서운 흡혈귀 드라큘라에 대해서는 모두 알고 있지? 그런데 그 드라큘라가 살던 성이 있다는 말은 들어 봤니? 루마니아의 브라쇼브에는 드라큘라성이 있어. 드라큘라성은 브란성이란 본래 이름을 두고 왜 이런 무시무시한 이름으로 불릴까? 정말 그곳에 피를 빨아먹는 드라큘라가 살았던 걸까?

드라큘라! 생각만 해도 몸이 오싹해지지 않니? 드라큘라는 브람 스

흡혈귀 드라큘라 이야기가 어려 있는 루마니아의 브란성

토커라는 아일랜드 작가가 1897년에 쓴 소설의 주인공이야. 영화, 뮤지컬 등으로 만들어져서 널리 알려진 흡혈귀지. 브람 스토커가 소설의 배경으로 삼은 곳은 루마니아의 브란성이야.

브란성은 루마니아의 카르파티아산맥 아래 자리한 도시 브라쇼브에 있단다. 오래전 왈라키아 공국의 성이었는데 1212년 독일 기사단이 요새로 만들어 쓰기 시작했어. 유럽의 다른 성과 달리 무척 소박해. 적군이 쳐들어오는지 망을 보는 창문은 작고, 오르내리는 계단도 아주 좁지. 비상시에 도망칠 수 있는 비밀의 문도 여러 곳에 있어. 하지만 드라큘라가 살았을 법한 모습은 없단다.

그런데도 브란성 입구에 도착하면 이곳이 드라큘라성이 맞구나 하는 생각을 하게 돼. 기념품 상점마다 파는 인형, 컵, 가면 등 대부분이 드라큘라와 관련 있는 물건이거든.

브란성은 어쩌다 드라큘라성이 되었을까? 흡혈귀와 아무런 관계도 없는데 말이야. 이 성은 높다란 바위산에 우뚝 서 있고, 흐린 날이면 으스스한 기분이 들기는 해. 이런 분위기라면 혹시 드라큘라가 살 만하다고 우길 수는 있겠지. 하지만 역사에는 흡혈귀 이야기는 한마디도 나오지 않아. 드라큘라는 브람 스토커라는 작가의 상상력이 만들어 낸 상상의 존재일 뿐이야.

물론 모델이 된 인물이 있었지. 아버지 블라드 2세 드라쿨의 뒤를 이어 왈라키아 공국의 군주가 된 블라드 3세 체페슈였어. 그런데 왜 체페슈가 흡혈귀의 모델이 됐을까? 이 또한 순전히 브람 스토커의 영감 덕분이야. 그가 체페슈에게서 영감을 얻은 것이지.

체페슈는 1431년 루마니아 시기쇼아라에서 태어났어. 그가 태어난 곳은 1999년 유네스코가 지정한 세계 문화유산 '시기쇼아라 역사 지구'로 등재되었지. 이 책에 나오는 지역은 마추픽추를 제외하고 모두 유네스코가 지정한 세계 문화유산이야.(마추픽추는 유네스코 복합 유산이야.) 그런데 드라큘라성 즉 브란성은 유네스코가 지정한 문화유산에 속하지는 않아. 그런데도 특별히 드라큘라성 이야기를 하는 것은 브란성이 시기쇼아라 역사 지구와 가까운 거리에 있고 체페슈와 관련이 있어서야.

체페슈는 루마니아어로 '꼬챙이', '가시'라는 뜻이야. 전쟁 포로나 죄

루마니아 트란실바니아에 있는 시기쇼아라 역사 지구

인을 꼬챙이에 꿰어 죽였기 때문에 이런 별명이 붙었지. 체페슈의 이런 잔인한 처형 방법은 오스만 제국에서 배워 온 것이래. 어린 시절 오스만 제국에 인질로 잡혀갔었거든. 체페슈의 아버지가 오스만 제국과의 전쟁에서 지는 바람에 힘든 포로 생활을 했던 거야. 그래서 체페슈는 오스만 제국이라면 이를 갈 정도로 복수심에 불탔다고 해.

체페슈는 드라쿨이라는 이름도 가지고 있었어. 아버지가 '용'을 뜻하는 드라쿨이라는 작위를 받았거든. 체페슈는 아버지를 영광스럽게 여겼어. 그래서 자신의 이름을 블라드 드라쿨이라고도 했지. 공문서에 사인을 할 때도 드라쿨이라는 이름을 쓰는 걸 좋아했대. '드라큘라'는 드라쿨의 아들이라는 뜻이란다.

브람 스토커는 여행을 무척 좋아했지만 브란성에는 가지 않았다고 해. 단지 헝가리의 부다페스트 대학교 밤베리 교수에게서 체페슈 이야기를 들었다고 전해지지. '드라큘라'라는 독특한 이름에 끌려 드라큘라 백작이라는 흡혈귀 캐릭터를 생각해 내지 않았을까 추측한단다.

《드라큘라》라는 소설 때문에 체페슈의 이미지는 흡혈귀가 되고 말았어. 하지만 루마니아 사람들은 체페슈를 영웅으로 생각한대. 그가 잔인했던 것은 자신의 권위를 높이고 나라를 바로 세우기 위해서였다는 거야. 또 무자비한 오스만 제국의 대군과 목숨을 걸고 대결해야 했기 때문이기도 해. 백성을 적에게서 보호하려 애쓴 군주였다는 거지. 1461년 체페슈는 오스만 제국 술탄에게 공물을 바치라는 요구를 거절

체페슈라는 별명으로
불리는 블라드 3세

했고, 이듬해 쳐들어온 오스만 제국의 대군을 물리쳤어. 하지만 1476년 오스만 제국의 메메트 2세는 다시 루마니아로 쳐들어왔고 체페슈는 싸우다 목숨을 잃고 말았지. 그가 적군에게 죽었는지, 자신의 부하에게 암살당했는지 정확한 기록은 없어. 이렇게 체페슈에 대한 이야기는 상당 부분 추측된 것들이란다.

루마니아 사람들은 나라를 위해 싸운 영웅을 드라큘라의 모델로 삼은 걸 기분 나쁘게 여기기도 해. 물론 반대의 의견을 가진 사람도 있어. 세계적으로 유명한 드라큘라 이야기를 관광에 이용하는 것이 나쁘지 않다고 여기는 것이지. 루마니아 정부에서도 이 이야기를 이용하는 것을 긍정적으로 생각하는 것 같아. 오히려 드라큘라 이야기를 널리 알리며 브란성이 드라큘라성으로 불리는 것을 환영하고 있지.

실제로 브란성에 가면 그곳 역사와 함께 체페슈와 브람 스토커, 영화로 만들어진 드라큘라 등을 자세하게 안내해 놓았어. 열두 시에 멈춰 있는 커다란 괘종시계도 있지. 사람들이 드라큘라를 떠올리며 으스스한 기분이 들도록 말이야. 어둡고 좁다란 통로를 오르내릴 땐 어디선가 드라큘라의 숨소리가 들릴 것만 같단다.

사진 출처

- 10쪽 병마용갱 ⓒ 플리커 | kevinmcgill
- 20쪽 병마용갱 도용 ⓒ 위키미디어
- 22쪽 수원 화성 화서문과 서북 공심돈 ⓒ 플리커 | bifyu
- 32쪽 수원 화성 장안문 ⓒ 위키미디어 | Brilliantsun123
  수원 화성 서암문, 동북 공심돈, 북포루 포구 ⓒ 문화재청 국가문화유산 포털
- 34쪽 포탈라궁 ⓒ 위키미디어 | Matthew Summerton
- 44쪽 타르초 ⓒ 위키미디어 | Yasunori Koide
- 46쪽 앙코르 와트 ⓒ 플리커 | Dennis Jarvis
- 57쪽 반티아이 스레이 사원 ⓒ 위키미디어 | Gerd Eichmann
- 58쪽 타지마할 ⓒ 위키미디어 | Yann; edited by Jim Carter
- 67쪽 샤자한 그림, 뭄타즈 마할 그림 ⓒ 위키미디어
- 72쪽 시드니 오페라 하우스 ⓒ 위키미디어 | Dietmar Rabich
- 82쪽 오페라 하우스 콘서트홀 ⓒ 위키미디어 | BennyG3255
- 84쪽 기자 지역 피라미드 ⓒ 위키미디어 | Ricardo Liberato
- 95쪽 아비도스 신전의 오시리스 예배당 ⓒ 위키미디어 | Amice M.Calverley, Alan Gardiner, 1935
- 96쪽 스핑크스 ⓒ 위키미디어 | pastaitaken
- 98쪽 로벤섬의 로벤 빌딩 ⓒ 위키미디어 | Rüdiger Wölk
- 112쪽 콜로세움 ⓒ 위키미디어 | FeaturedPics
- 122~123쪽 콜로세움 내부 ⓒ 위키미디어 | Paolo Costa Baldi
- 126쪽 알람브라 궁전 ⓒ 플리커 | bernjan
- 136쪽 사자의 정원 파빌리온 ⓒ 위키미디어 | Jebulon
  알베르카 중정 ⓒ 위키미디어 | Berthold Werner
- 138쪽 베르사유 궁전 ⓒ 위키미디어 | Nicolas Torquet
- 147쪽 베르사유 궁전 거울의 방 ⓒ 위키미디어 | Myrabella
- 149쪽 베르사유 궁전 정원 ⓒ 위키미디어 | Ninaraas
- 150쪽 크렘린 ⓒ 위키미디어 | Олег Токарев
- 158쪽 성 바실리 대성당 ⓒ 위키미디어 | Alvesgaspar
- 162쪽 자유의 여신상 ⓒ 플리커 | Jiuguang Wang
- 173쪽 자유의 여신상 박물관 입구 ⓒ 위키미디어 | Epicgenius
- 174쪽 마추픽추 ⓒ 위키미디어 | icelight
- 185쪽 마추픽추 밭과 집 ⓒ 위키미디어 | BrunoLocatelli
- 186쪽 브란성 ⓒ 플리커 | Balcon del Mundo
- 188쪽 시기쇼아라 역사 지구 ⓒ 위키미디어 | Marion Schneider & Christoph Aistleitner
- 190쪽 블라드 3세 ⓒ 위키미디어